僕たちは就職しなくても
いいのかもしれない

岡田斗司夫 FREEex
Okada Toshio FREEex

PHP新書

「プラットフォーマーはつぶれない」なんてウソ 47
就職の終わり 49

第2章

でも、そんなにお金は必要なのか？

お金は何のために 54
携帯音楽プレーヤーの入手法はいくつある？ 55
タダ以上の値打ちとは？ 58
ミームという豊かさ 60
九州から東京に行く最良の方法 64
意味もなく必要以上にお金を使いすぎる民族 68
「香港最後の夜」問題 70
ゴミ屋敷とモノ屋敷 72
カネ屋敷 77
お金は「尽くすため」「貢ぐため」にある 79
経済成長が生活を苦しくした 82

人間一人の維持費はペットと同じ月二万円　86
「愛されニート」という生き方　88
五〇種類の仕事をしよう　90

第3章　お金は動かなくても経済はまわる

正社員も結婚も欲しいのはその「立場」　94
リアルな関係がほんとうに欲しいの？　96
他人から仕送りをもらう女子大生　98
「かわいげ」がなければ孤立する　99
血縁に縛られない家族モデル「ビッグダディ」　102
成功＝金儲けではなくなった？　104
最高のお米はタダで出まわっている　106
「お金がない世界」の足音　108
未来格差　112

第4章 「お手伝い」という働き方

「単職」から「多職」へ 116
「お手伝い」のサーフィン 119
五〇個の仕事の内訳は？ 122
百姓＝「百の職業をもつ人」 125
多職時代の子育て 128
仕事を人にまわす能力 132
貧乏を肯定するしかない 134
仕事でストレスを感じなくなる 138
余計なプライドがいらなくなる 141

第5章 最後は「いい人」が生き残る

「五〇個のお手伝い」完成形 146
三つのC 151

ポイントはキャラクター 154
スキル重視vsいい人戦略 156
愛されニートのモデルケース 159
見た目第一印象至上主義社会 161
本音は出すなってこと？ 164
一日五ほめ 166
評価はその日のうちに流動させる 169
お金も暇もスキルもないけど 171
めざせ、勇者 174
ゴールドは三つに分けて使いきれ 176
悪い行いもバレるけど、よい行いも陽の目を見る 178
なんとなく気持ちのいい人生 181

終章 あらためて就職を考えよう

Q1 就活するには、やっぱりマイナビやリクナビが有効ですか？ 184

Q2 でも、就活しないと就職できないのでは？ 186
Q3 就活しないでおこうかと思いますが、
親には何と説明すればいいでしょうか？ 191
Q4 就活をしないなら、学生のあいだにしておくべきことは何ですか？ 194
Q5 いまの仕事は向いていないと思います。
再就職先はどうやったら見つかりますか？ 198
Q6 就職どころか働きたくないのですが、どうしたらいいでしょうか？ 201
Q7 どうしても○○になりたいのですが、どうしたらなれますか？ 204
おわりに

第1章

もう就職できないかもしれない

「就職がしんどい」なんて異常である

僕はいま大学で先生をしています。学生たちはいろいろな悩みを相談しにやってきます。友だちとの人間関係や将来の不安、自分ははたしてこれでいいのか？　ほんとうは何をしたいのか？　おなじみ異性の悩みもあれば、案外と多いのが兄弟のことをはじめ家族の悩みです。

それはさておき、大学三年生の後半から四年生にもなると、相談事は「就活」一色に染まります。

就活、つまり就職活動のことです。就活は大学生当人ばかりか、彼らの両親も悩ませています。自分の子供はちゃんと働いてくれるだろうか、難しい就職戦線を勝ち抜けるんだろうか、と。

いや、就職したらそれで終わりでもありません。幸い就職が決まったとしても、その仕事を一生やっていける人はじつに少ない。かなりの人が半年後、遅くても数年以内には、就活して苦労の末に入った会社を辞めてしまいます。

苦労して入った大学での半分近くの期間を就活に悩み、せっかく就職したのに、わずか数年で辞めてしまう。なんという時間と労力、何より「気持ち」のムダなのでしょう。

不思議です。

いつの間に僕たちは、こんなに「仕事」で悩むようになったのでしょう？

むかしはこんなことを考えず、もっと「ふつうに」仕事をしていました。当時にくらべて、いまの人間が特別に能力が低いわけではありません。逆に、いまの人間がむかしにくらべて特別に能力が高いわけでもないのと同じことです。

かつて奴隷制度があったとか、君主独裁制だったとか、日本は戦争をやったとか、そんな歴史をふりかえると僕たちは、ついつい「むかしの人は、いまの人よりバカだったんじゃないか」などと考えてしまいます。

でも、そうじゃない。それなりの事情とか文化とか歴史的背景があったりしたわけで、人間っていうのはそんなに進歩しないものなのです。

同様に、いまの人はむかしの人ほど頼りがいがないと考えてはダメ。いまの僕たちは、むかしの人にくらべて根性なしになったわけでも、特別ダメになったわけでも、意志薄弱になったわけでもない。

そうではなくて、何かがズレている。

それを発見し、原因を究明し、処方箋《しょほうせん》を考えるのが本書の目的です。

日本にいる全大学生の一割くらいが就職できない、あるいは就職しづらいとか、子供がなかなか独立しないとか、その程度の割合ならば、それは教育のミスかもよ、とか、文部科学省のゆとり教育がまちがっていたのかもよ、とかいえるかもしれない。

つまり「製造している部品の一〇パーセントに不具合がある」ということなら、それはその工場のどこかに問題がある、と考えるのが自然です。同様に、大学生の一割ぐらいが就活で困っているなら、個別の学生や大学側の姿勢を疑うのはアリでしょう。

でも、事態はもっと深刻なのです。工場の例でいえば、製造部品の過半数が問題を抱えている。そんな場合は、そもそも工場の設計思想そのものがまちがっているんです。

現在のように、就職を考えている若者の過半数が「なんで決まんないのかなぁ……」と悩んでいて、決まっている人も「就職できた」と大喜びできず、「これでいいのかなぁ……」と半信半疑でいる状態。こんなの異常です。

就職できても次々と辞めちゃったり、そもそも会社に入れない。就職のチャンスを一回逃したら「新卒」と呼ばれなくなって、就活二年目からはさらに就職が厳しくなる。「第二新卒」という枠も最近はあるけれど、たいていはこれまた厳しい転職活動を強《し》いられることになります。

何かヘンです。

明らかに、何かがズレています。

いつから「働く＝就職」になったのか？

そもそも「働く」とは何か？　「就職」とはいったい何でしょうか？

いまの僕たちは、「働く」というのは「どこかの会社に雇われる＝就職すること」と自動的に考えています。

でも、人間が働くというのは、必ずしも就職とはかぎらないはずです。

たとえば、おじさんおばさんが「むかしの人間はちゃんと働いていた」と言う、そのむかしのことを考えてみてください。一九五〇年代の日本では、女の人はほとんど就職していません。女の人に就職口があまりなかった時代です。

当時の日本の人口は八〇〇〇万人。そのうち半分が「非・就職人口」だったのです。

では、残り四〇〇〇万人の男は就職していたのか？

定年はいまよりもっと早かったし、子供は就職できない。仕事の大半は「就職」ではなく家の田んぼや畑を耕す「家業」であり、そのほかは「工事の日雇い」「店の手伝い」など、いまで言うアルバイト的な雑用です。

人口のほとんどが「働いている」けれど「就職していない」。

じつは日本の人口の四分の一、二〇〇〇万人弱しか当時は「就職」していませんでした。

もともと日本人の四分の一しか就職していなかったのに、いまは二十歳くらいになったら全員が大学に行って、全員が「就職しなくちゃ」と考えている。ちょっと異常な国家になってしまいました。

では、そのむかし、国民の半分にあたる女の人は働いていなかったのか？

そうじゃない。専業主婦をやっていたり、子育てするお母さんをやっていたり、というかたちで働いていたんです。

けれども、いまの女の人は、大学を卒業したらお母さんをやろうか、とは考えないですよね。とりあえず働いたあとで結婚しようか、と多くの人が考えます。つまり「結婚」を「働く」という行為のなかに入れていません。「就職」することばかり考えています。

僕たちがいまいるのは決して当たり前の場所ではない。僕たちが暮らしているのは、この数十年のあいだにいつの間にか成立してしまった、「国民が全員、一度は就職を考える」という、かなり特殊で異常な国家であることをまずは念頭に置いてください。

ほんとうは「働く」ことが大事なのに、いつの間にか「就職＝会社に雇われる」ことばかり考えている。結果として、二十歳くらいから二十三歳くらいまでのあいだ、国民の関心が「就職」にしかないというヘンな国家になっているんです。

就職ラクチンの戦国時代、就職氷河期の江戸時代

この「特殊で異常な状態」は、なかなかわかりにくいと思います。少し補助線を引いて考えましょう。

たとえば、織田信長や豊臣秀吉が活躍した戦国時代。このときの日本は、高度経済成長時代の日本と、ある意味ですごく似ています。どちらの時代も、「就職ラクチン社会」だったんです。

いちおう説明すると、高度経済成長時代というのは、僕が子供のころ、つまり一九六〇年

代あたり。『ALWAYS 三丁目の夕日』のすぐあとの時期ですね。日本はどんどん景気がよくなった結果、あらゆる産業、あらゆる工場で人手不足でした。

中学を卒業して働く人は「金の卵」と言われました。選ばなければ働き口はどこにでもあり、だれでも働けました。

これ、じつは戦国時代も同じでした。

この時代、就職とは主君に仕えること、どこかの家に家臣として召し抱えられること、つまり「侍《さむらい》になること」であって、それ以外はすべて、農民をはじめその他の「働くこと」でした。

戦国時代は文字どおり戦乱で荒れていただろうとは思うのですが、就職という観点で考えるならば、日本がいちばん景気がよかった時代ともいえます。その気さえあれば、針売りだった男が一兵卒として雇われ、のちに豊臣秀吉となって、ついには天下統一できるくらいなのですから、就職ラクチン社会だったのです。

でも、戦国時代の終わりとともに、この就職ラクチン社会にも終わりが訪れます。高度経済成長時代が終わりを迎えたように、「高度戦国時代」が終わってしまった……。そう、戦争が一段落してしまったんですね。

宮本武蔵なんて、あんなに強くて、おまけにお父さんが剣術の先生。貧乏とはいえ、武士階級だったわけですよ。秀吉なんかとは出が違うんですね。

あんなホームレスみたいなヤツではなくて、ちゃんとした武士の端くれだった人間で、子供のころから剣法を学んでめっぽう強かった人間が、その腕を頼りに関ヶ原の戦いに馳《は》せ参じたんだけど、不幸にも就職し損《そこ》ねちゃった。

つまり、武士の新卒採用に落ちてしまったわけです。その結果、就職のチャンスを逃して浪人し、苦労するのです。

そこから先、徳川時代は就職氷河期に入ります。

まるで現代そっくりです。

徳川時代の就職も、やっぱり「どこかの藩に仕える」「どこかの主君に召し抱えられる」です。武士は主君を得てこその武士。そうではない武士は「浪人」と呼ばれました。

つまり、江戸時代の「大卒ニート」です。

この時代の武士は、すごく厳しかった。武士を辞めて、別の生き方を考えられた人間はある程度、幸せになれたんだけど、「男に生まれたからには」とか「武家に生まれたからには」と、武士として就職しなきゃいけないと強く思い込んでいた彼らの多くは、傘張りなどをしながらも腕を磨くのを忘れず、勉強するのを忘れず、一所懸命に「就活」していました。

そこにきて「浪人狩り」なるものがときどきあって、「主君がいない浪人は江戸から所払いだ!」って追い出されたりして、たいへんな目にあいました。

では、武士としての「就職」にこだわらなかった一般の人たちにとって、江戸時代はどうだったのでしょう? じつは、働き口はいくらでもありました。

彼らはふつうの商売人です。でも、お店に就職した人間など、ほとんどいません。自分で商売を始める人が多かった。しかも、出店するというより、棒一本もってその前後に荷物をぶら下げて商売を始める、といった気楽さ。

その日に思いついて、その日に仕事を始めるのが盛んとなりました。そんな気楽な「その日暮らし産業」によって社会が成り立っていたのです。

つまり、あくまで仕官にこだわった、言い方を変えれば「就職」にこだわった武士たちだけが、貧乏生活を強いられたのです。

大企業神話に取りつかれた新撰組の悲劇

さて、そんなこんなで幕末になりました。黒船がやってきて日本は動乱期に入り、就職したかった武士の生き方は、はっきりと二つに分かれました。

一つは、幕末という危機に「よし、最後のチャンスだ！」と就職しようという生き方。

もう一つは就職を考えずに、それどころか就活をやめて、自分で起業しよう、ベンチャーをやろうという生き方。

あくまで就職を望んだ典型例が、新撰組です。下級武士であったり、武士かどうかわからないような薬売りの身分だったりしたもんだから、この動乱に乗じてどこかに就職しよう、などという最後の望みを抱いてしまった。

大企業、つまり幕府やら藩といった旧来の制度がものすごい勢いで崩れてきているのを横目で見ながらも、本物のサムライになれた、殿様に会うこともできた、ひょっとしたら天皇にもお目通りが叶《かな》うかもしれない……。

こんな悲しいまでの大企業神話に取りつかれた新撰組は、最後に箱館（函館）の五稜郭で全滅するにいたるまで、えらい目にあいました。

大企業――つまり幕府とか藩なんてものは、もうここから先は成立しないんだ、これからは民間のベンチャーしかないんだ、って気がついちゃったのが、坂本龍馬や岩崎弥太郎たちなのです。

彼らはそれまで自分たちがもっていた「武士」という身分を捨ててでも脱藩に踏み切って、ビジネスを始めたり、日本初の株式会社をつくったり、結果として、この国の歴史を動かしました。

なんだか、いまとそっくりだと思いませんか？

いったいどの会社が生き残るだろうか、ベンチャーから成長して大きくなるのはどこか、と発想するから、既存の会社に就職できる可能性があると考えてしまいますけど……ほんとうにそうだろうかと僕は思っています。

それって、明治維新の最中に「まだ幕府のなかで出世をめざそうとする」のと同じ努力じゃないの？

あらゆる産業がものすごい勢いで再構築されたり、また新しく生まれたり、あるいはつぶれたりをくりかえしていると、その過程で費やすエネルギーロスだけでもたいへんなもの。そんな渦中にあって、なんとか自分たちだけでもうまく入ろうなんて、「新撰組の悲劇」そのものだろう、と僕は考えます。

そして時代は明治になりました。幕府も藩もお家もなくなってしまった。つまり、就職というもの自体がなくなってしまったんです。

家業の農家を継ぐか、ひたすら勉強して国家公務員になるか、起業してベンチャーの社長になるか——その三択しかない、とんでもない世界がやってきたのです。

「仕事」の絶対量が減っている

さて、現代は「ネットという黒船」が来航して、すべてのものが崩れようとしている時代です。なぜネットが第二の黒船になるのか、なぜいまは第二の明治時代なのか、これについては後述します。

とりあえずいえるのは、現代はいろんな産業が、すごい勢いで縮小したり拡張したり変化しているということです。

これまでの僕たちの考え方であれば、一つの産業がつぶれたら、新しい産業が起こって、そこに雇用が生まれると思ってしまいます。つまり、新しい産業では人手不足になると考えます。つぶれる会社があれば、そのぶん新しい会社ができる。そこでは働き手を募集しているはず。だから、求人の絶対数は変わらないはずだ、と。

でも、いまの大学生はなぜか就職が難しい。それはとりもなおさず、つぶれた仕事のぶんだけ新しい仕事が生まれていないからにほかなりません。

人件費の安い海外に仕事がもっていかれることも当然ありえます。それだけではなく、もっと恐ろしいことに、仕事自体がなくなってしまう時代なんです。

たとえば、僕たちはディスカウントショップなるお店に行きます。ほかにもアウトレットのお店があります。高価なブランド品やメーカーがつくったモノを安く買えるようになりました。むかしであれば定価でしか買えなかったものが、いまでは安く手に入る。それどころか、似たような商品が一〇〇円ショップに並んでいたりします。

なぜこのようなことが可能となったのか。それは言うまでもなく、工場で働く人数を減らして、そのぶん機械を導入したからです。もしくは手づくりであっても、工場を日本から海外に移してしまった。だから安くなったのです。

このように、まずはつくる人の人数自体を減らしました。そのぶんだけ仕事の数は減っています。

次に、工場でつくってからお店に届くまでのプロセスを減らしました。

僕が子供のころ、大阪には問屋街というものがありました。メーカーは一次問屋に売り、それをまた二次問屋に売る。三次問屋が買って、最後に小売店に並ぶ……こんな感じで流通上の手続きが複雑にありました。

こうした流通上の手続きを、昭和から平成にかけて「ムダ」と呼んで攻撃し、大整理・合理化を推進しました。これは政府が景気対策としてやったものです。

そして、僕たち国民も諸手《もろて》を挙げて賛成したんですね。あらゆるものが安くなっていったからです。

その結果、問屋さんで働いていたかなりの人たちが失業してしまいました。それでも、そのぶんだけモノが安くなったから、なんとなく経済はまわっていきました。それまでの高度経済成長時代の遺産で貯金がいっぱいあったことも背景にあります。豊かになった世代は、その日の仕事がなくなっても、まだなんとなくいけるような気がしていたのです。

仕事もゼロになったわけではなく、それまで一〇〇あったものが四〇くらいになったり、六〇くらいになったりと業界によってバラバラでした。

何よりも物価が安くなった。そのため、国民のなかから悲鳴はあまり聞こえてきませんでした。

でもまちがいなく、仕事自体は減っているんです。

これが、この二十年くらいのあいだずっと続いている現象です。いまの日本では、仕事というものが驚くくらい少なくなりました。

仕事の絶対量が減っているということを真っ先に考えないとダメです。

僕たちは、自分のやりたいことを見つけて好きな生き方をしたい、さらに才能を伸ばしたいと考えます。ところが、すでに就職という考え自体が、時代の流れに合っていないのではないでしょうか。武士社会のなかで「就職」をいつまでもめざしつづけた新撰組になっていませんか?

あらゆる企業が、いまや安定していません。

その会社が何で儲《もう》けているのか、何が主力商品なのか、五年前と現在とを比較すると、ほとんどの会社で変わっています。どの会社に就職したところで、つぶれない保証などまったくないのです。

企業の寿命は平均五年

「いやいや。岡田斗司夫の言うことは、なにやら極端だよ」と思ってますよね?

「就職できないっていうような脅《おど》し文句はよく聞くけども、景気がいい会社だって世の中にはちゃんとあるじゃん」

「不景気だ不景気だと言われつづけたけども、しんどかった輸出業も、ここにきての円安でウハウハなはずだし」

「飛行機なんかファーストクラスから埋まっていくってニュースもあるし、あるところには、お金はあるんでしょ」

そんなふうに思っているかもしれません。

自分の子供たちが、もしくは自分たちが賢く、身軽に、固定観念にふりまわされずにやっていけば、就職先くらい見つけられるはずだと考えている人も少なくないはずです。

残念ながら違います。その理由は「企業の寿命」です。

「日経ビジネス」がいまからおよそ三十年前、一九八三年に集計したデータによれば、企業の寿命は三十年でした。大企業から中小企業まで含めて、会社は三十年しかもたなかったのです。これは平均値なので、もちろん五十年、百年と生き残る会社もあれば、一、二年で消えてしまう会社もある。それらすべてを平均化すると、企業の寿命は、たった三十年しかありません。

時は高度経済成長が終わって、いよいよバブル経済に入らんとする時代です。

「もう会社がつぶれない時代は終わった」

「これからは、だれもが生涯に一度くらいは自分の会社がつぶれて転職する覚悟が必要だ」

「日経ビジネス」がこう言ったのが一九八三年なんですね。

さて、それから二十五年ほどたった二〇〇九年、「日経ビジネス」は新しいデータを公表しました。

その後、企業の寿命はどれくらいになったのか?

すごいですよ。

日本の企業で七年。アメリカの企業で五年。

企業の寿命が短くなると同時に、人の働き方も変わりました。

一万ほどの事業所、三万三〇〇〇人の個人を対象にした「就業形態の多様化に関する総合実態調査」（厚生労働省、二〇一〇年実施）というアンケートでわかったのは、非正規社員、いわゆる派遣社員やパート契約で働いている人が全労働者の四〇パーセント近くいるということです。

では、この人たちは不幸で、世間で言われているように早く正社員になりたいと考えているのかといえば、そうでもない。統計的には半分くらいの人は、正社員に変わりたいという希望を出していません。なれないんじゃなくて、なりたいと望んでいないんですね。正社員になったほうがしんどいと思っているからです。

もちろん半分は違う。正社員になったほうがラク、社会保険がないと困る、派遣社員はすごくしんどいと思っています。でも、ちゃんと統計をとってみたら、意外にも半分までの人が「いや、正社員になるよりはいまのほうがマシ」と思っているんです。

僕たちはつい、企業の命はもっと長いと信じています。会社といえば、ふつうは五十年も六十年も続くもの。そう思われていたからこそ、法人をつくると信頼されたのです。

ところが一九八三年には、大企業を含めても会社の寿命は平均三十年と判明しました。さらに二〇〇九年の統計では、日本の企業が七年、アメリカの企業にいたっては五年が寿命とわかってきた。

では、ＧｏｏｇｌｅやＦａｃｅｂｏｏｋなどＩＴ系の企業、いま景気がいい会社に就職すれば安泰なのでしょうか？

いえいえ、ただでさえ新陳代謝の激しいアメリカ発のＩＴ業界。その構造はあっという間に変わって勝者が入れ替わることもザラです。ＩＴ企業に限れば五年もないかもしれない。

「やっぱり岡田さんの話は極端ですよ。うまくふるまえば、どこかの会社には入れるんじゃないですか？　大企業にだって入れるでしょう？」

そう思っていた人にいま一度、現実を視てほしい。いま会社という器そのものの安定性が恐ろしく下がっているということを。

恐るべき「人口爆縮」の五十年

では、公務員は？　公務員だったら安心・安定するのでしょうか？

とんでもない。

日本はこれから少子化社会、子供が少ない社会に突入します。いえ、もうそうなっているわけですよね。

人口を一定に保つには、子供がどんどん生まれることが必要です。死亡する人口と生まれてくる赤ん坊とで、ちょうどバランスがとれた数値、これを「人口置換水準」と呼びます。

現在の日本で、つまり医療レベルや社会保障が国際的に見て高水準の日本で、人口を維持するために必要な出生率は二・〇七～二・〇八人です。新生児はちょっとしたことで死んでしまうので、すべての夫婦が二人よりちょっと多い子供を産まなければ、日本の人口は維持できません。

ところが、もうかなり前から日本では、出生率が一・四人くらいまで下がっているんですね。これから先、日本の人口は激減します。

たんに「これから子供が減る」「人口が減る」ことが問題ではないんです。人口ピラミッド、すなわち、おじいさん、おばあさんから子供まで世代のバランスがほぼ均等であれば、あまり問題ではない。ものすごいクビレができてしまったことが問題なんです。

そうなると、これから国は総力を挙げて人口増をめざすはずです。「みなさん、子供を産んでください。子供を産んでくれたら、お母さんに対する育児手当をお子さんが二十歳になるまで毎月一〇万円支給します！」ということになるかもしれません。

いわゆるベーシックインカムですね。

「子供を二人産んだら二〇万円、三人産んだら三〇万円です！」といった具合です。

でも、このような極端な手段をとっても、人口というのは、ものすごくゆっくりとしか変化しません。

一九七〇年代、日本政府は「人口爆発」とまで呼ばれる人口増加に悩んでいました。人口爆発は地球規模の大問題とされ、世界じゅうでシンポジウムが開かれたのです。当時の日本の人口は一億を突破して、一億二〇〇〇万人に向けて猛進していました。

そのため日本政府は、国家政策として少子化を進めたのです。その成果があって、一億三〇〇〇万人を超えると思われた日本の人口は現在、一億二七〇〇万人にとどまり、今後はハイペースで減少することが予想されています。

人口爆発に歯止めをかけようとゆっくりと舵《かじ》を切った成果が、五十年後のいま、ようやく出てきた。ところが、じつはこれから次の五十年間、この成果がひたすら出っぱなしになるんです。いまから舵を逆に切って、どんなに子供を増やそうと努力しても、その成果が出るのは二〇八〇年から二一〇〇年までのあいだと言われています。

では、二〇八〇年までの近未来、これから五十〜六十年のあいだに日本の人口はどうなるのか？

中間的な予想では、ほぼ半分。楽観的な予想でも七〇〇〇万人くらい。悲観的な予想になると、なんと四千数百万人にまで減るのではないかとされているのです。

日本の人口が半減する――「人口爆発」の例は歴史上いくらでもありますが、ここまで人口が自然に減る、言うなれば「人口爆縮」の例はありません。まさに未曾有《みぞう》の時代を僕たちは生きているのです。

公務員はこれから「レッド・オーシャン」になる

二〇八〇年までに国民が半分になってしまうなら、国家公務員や地方公務員をいまと同じ数だけ保てるはずはありません。同じ割合で減ってしまうと考えるべきでしょう。

つまり、公務員だったら安心だ、というのは成立しません。いまでは公務員も安定してはいないんです。これから先、人間の数がどんどん減るということは、国民総生産（GDP）も減る。いずれは景気が悪くなるのは当たり前の話なんです。

景気が悪いというと、つい僕たちは、商売がうまくいかないからだとか、国家の経済政策がうまくいっていないからだと考えてしまいます。そうではなくて、十数年前から日本の人口がどんどん減っているわけだから、これはもう止めようがない。国民総生産が下がって当たり前です。

一人ひとりがお金をいくらもっているかという点では、うまくやれば減らないかもしれません。でも、国民が全員でもっているお金、すなわち全員でつくりだせる経済活動は、人数が半減すれば半分になります。町民半分が引っ越しちゃったら、その町内の商店街はガラガラになりますよね。

それと同じで、これから日本はガラガラでスカスカの国になってしまうんです。

くりかえしますが、国家公務員の必要数も減ります。では、彼らは自主的にリストラするでしょうか？

無理でしょうね。なんとか定員を維持しようとあがく。

それが無理だとわかったら、次には「新しい人を入れないようにしよう」という動きになり、いまの公務員たちのクビを切らないようにしよう、となります。既得権益者の防衛本能がはたらくわけですね。

つまり、採用の窓口を極端に絞って、人を雇わないようにしようというのが、国家公務員・地方公務員の「雇う側の考え方」。

これから公務員は「レッド・オーシャン」（血まみれの海）になるはずです。

大企業はもはや安心ではない。IT企業も安心ではない。公務員でさえ安心ではない。

それが「いま就職は無理なんじゃないの？」と僕が考える理由の一つです。

忙しいのに人手が増やせない

むかしは、新人を雇うのは「いいこと」でした。新入社員を入れるとそのぶんだけ、前年に入った人、その前の年に入った人が偉くなれました。部下が年々できて、出世できて、課長になり、部長になり……その人たちにお金も払えたわけですね。

部課長がどんどん生まれても、会社の売上が上がるから、ボーナスが、そして退職金が支払えました。経済が右肩上がりだったからこそ可能だったシステムです。

でも、これから日本の経済は、国民が減るという、ただそれだけの理由で右肩下がりになります。国家の売上と言えばいいのでしょうか、収入がゆっくり、ずーっと下がっていくのですから。

そうしたらどうなるのか?

会社は新しい人をこれまでのように潤沢《じゅんたく》には入れられなくなります。出世させられないからです。いや、出世させたとしても給料を上げられない。

出世する目的がなくなれば、出世の意味もなくなってしまいます。

むかしは窓際族などと呼ばれるような人もいましたが、いまはほとんど聞きません。企業がそんな人たちを置いておく余裕がなくなったからです。採算が低くて、あまり儲からない部署は、すぐに閉鎖されてしまいます。

新しい人が入らなくても古い人がいっぱい残っているなら、会社は人手があまって社員は暇になるのでしょうか？

そうではないんです。働く現場にいるみなさんはご存じのとおり、現場はものすごく忙しい。

「なぜ新入社員を入れてくれないんだ」

「もっと人を採用してくれ」

「景気が悪いって言うけれど、俺たちは身体を壊すほど働いてるじゃないか。これでいいと思ってるのか！」

――そのくらい、現場は切羽《せっぱ》つまって忙しい。

分業とコストダウンの副産物

なぜ人手が増やせないのか？

理由は「分業によるコストダウン」を進めすぎたからです。

むかしは一つの会社で一つのものを全部つくっていました。僕が前に仕事をしていたアニメの現場でも、最初の企画立案からシナリオ作業、撮影にいたるまで、一カ所のアニメスタジオでつくるのが当たり前でした。

それがいまでは、どんどん分業するようになりました。仕上げや色を塗るのは韓国に出して、動画は東北に出すのが当たり前になりました。

分業するのは、コストダウンや効率・スピードを考えたからです。

現在ふつうの会社で、一社だけで製品の全工程をまかなっているところはほとんどありません。だいたいが外注や下請けの会社を使います。そうはいっても言葉の壁があるため、外注先が日本国内に限定される場合がほとんどです。

でも、もし人工知能による翻訳システムが発達したり、外国人が日本語を習って、彼らが製造業ですでに請け負っているような時給一〇〇円や二〇〇円の超低賃金で翻訳を始めてしまったら、日本人の仕事のほとんどは外国に奪われてしまいます。

日本人を雇おうと思ったら、どんな企業でもバイト代を八〇〇円とか一〇〇〇円は出さないとなりません。でも海外に外注すれば、翻訳料を含めても、たとえば一時間四〇〇円ですむことになります。

日本人を雇うと、クビにするときに、いちいち謝らなければなりません。言い訳が必要になります。少し対応をまちがえると、ネットで「ブラック企業だ」と叩かれます。

でも、相手が外国にいてネット越しにしか話さないのなら、「この部門は閉鎖したから」などと言えば、メール一本で契約関係を打ち切れます。そういった気楽さがあるわけです。

日本国内で人を雇って身近で働かせて、会社を大きくして、雇った人たちのために机を用意して、出勤してもらって、その交通費を払って……。こんな昭和の企業像は、もはやだれもイメージしません。

いまもっともクレバーな企業は、少人数の創立メンバーが在宅で仕事をして、必要な作業はどんどん外注することです。マニュアル化してネットワーク化できる仕事なら、どんどん海外に出して、それを電子翻訳してこっちに返してもらえばいいんです。

そうやって少人数で高利益を出した人たちが「新たな時代の勝者」として、もてはやされる。

こうした作業工程が当たり前になった現在、仕事をどんどん分解していって、その結果、日本国内に仕事がなくなってきている。だから会社は新人を雇わなくなり、人手を増やさなくなったのです。

新人を雇ったらかえって面倒

新人を雇う理由が企業になくなってしまった。なのになぜ、いま働いている人たちはあんなに忙しいのか?

これは引き算の問題です。

あらゆる仕事のなかから、まずは分解可能なものを考えます。そして、そのなかで採算が合わないものを全部やめることにしました。分解できるものは分解し尽くして、外注できるものは外注し尽くして、コストが下げられるものは下げ尽くしました。

すると、残る仕事はどんなものか?

分解しにくくて人に説明するのが難しい仕事。つまり、その会社内でのしがらみが多くて、なぜこうなるのかルールを人に説明できない仕事。

そんな面倒な仕事ばかりが会社には残るのです。

「なんで、この会社に発注するんですか？」

「いや、この会社は総務部長の親戚だからね」

こんな非合理的な説明しかできないような仕事。もしくは「これをやるには、○○さんの承認を得なければいけないんだ」というような、ルールが複雑で外注に出せない仕事ばかりが結果的に残ってしまうわけですね。

となると、新人を雇おうなんて思いません。いま会社にいる人間で、なんとかやろうと絶対に考えるでしょう。だって複雑なルールやしがらみを新人に教えるには、そこに人手がかかってしまいます。そんなもったいないことはできません。

不採算部門を閉鎖したら、そこにいた人は手が空いている。そのままでは、給料ドロボーを容認しているようなものです。それならばと、彼らをこき使って面倒な仕事に充《あ》てようとするでしょう。

うまみがあっておもしろくて、バンバン儲かった仕事は外注してしまう。または競合する海外メーカーがダンピングを続けて、もはやうまみが少ない。

そして、あまり儲からないんだけどやめられない、面倒くさい仕事が山のように残る。そういった仕事を、そのやり方に慣れていて、自分の会社の流儀をわきまえていて、暗黙の了解となっている事柄を身につけている古手の社員たちが総がかりでやっている。だから忙しいんです。かといって新人が入ったら、かえって面倒くさい。

これが、企業が新入社員を雇わない二つ目の理由です。

おさらいしましょう。

一つ目の理由は、あらゆる企業の寿命が短くなったこと。

二つ目の理由は、単純な仕事や簡単に儲かるものを外注した結果、残っているものは複雑でややこしくて、あまり儲からないものばかりになってしまっているということ。

さて、三つ目の理由は、一つ目の理由ともリンクしています。ＩＴ化によって「怖くて人を増やせなくなってしまった」んです。

ＩＴはあっという間に仕事を奪う

数年前に、Ｇｏｏｇｌｅが「みんなのビジネスオンライン」と題したサービスを始めました。あなたの仕事のサイトを無料でつくりますよ、というサービスです。

これ、すごいです。あらゆる仕事に対応しています。

あなたの仕事が、たとえば訪問販売であれ、活け花の先生であれ、もしくは犬の散歩代行であれ、何かのお店であれ、それが仕事であるかぎり、ちょっとした選択肢を選ぶだけでGoogleが、あっという間にビジネス用のホームページをつくってくれます。十五分でできますよ。専用のドメイン、自分だけのアドレス、ネットワーク上の住所も与えます——いたれりつくせりのサービスなんですね。

わあ、便利になった。そう思ったと同時に、僕はゾッとしました。

どうしてかというと、これと同じようなサービスで食べている会社が、日本じゅうにたぶん数百から数千あるんです。あのホリエモンがいた「ライブドア」という会社が「オン・ザ・エッヂ」と呼ばれていたころも、これが仕事でした。

いまから二十年前くらいの状態をよく覚えているんですけれども、Windowsが発表され、日本がIT元年と言われていたころ、いろんな会社が「わが社もホームページをつくらなきゃ」と考えるようになった。ホームページの制作代行こそIT企業の主業務だったのです。

現在は、さすがに「ホームページ制作代行はIT企業の主業務」とはいえません。

それでも、日本ではいまだに、自社のホームページをもっているお店や会社は二〇に一社もないんです。だからまだまだ稼げる、とITで起業した人も多かった。Googleのサービスができるまでは……。

この業種は上り坂だろうと考えた結果、若者がつくった「あなたの会社のホームページをつくります」というIT系の会社や、デザイン系の出版業界から転職してホームページをつくりはじめた人たちの会社が、日本じゅうに数百から数千はあったはずです。

これらの会社は数年以内に全滅します。個性的で競争力のある数パーセント以外は、おそらくほとんどが業種転換か撤退となるでしょう。

Googleがこんなサービスをポンと始めてしまったばかりに、それまであった産業が一つまるまるなくなってしまうんですね。

もちろんホームページをつくるだけでなく、ほかのノウハウを売ったり、コンサルティングも行ったりといった生き残り策はあると思います。

でも、どうでしょう。もしGoogleが「みんなのビジネスオンライン」でつくったホームページだけを検索システムの上位に表示するようになれば、だれもが「みんなのビジネスオンライン」に頼んで無料でつくるようになるはずです。

ホームページ制作代行という業種が、あっという間に「レッド・オーシャン」になってしまったわけです。

「消費者の味方」は「国民の敵」かもしれない

ホームページがだれでも手軽に無料でつくれる。

これ、すばらしいサービスのはずです。だれも文句のつけようがない。いわば「消費者の味方」です。

でも「消費者の味方」＝「国民の味方」ではありません。膨大な雇用を奪う「国民の敵」かもしれないのです。

このような矛盾は、僕たちの生活のまわりには、いくらでもあります。

たとえばＡｍａｚｏｎ。当然のように生活に入り込んできているネット通販の会社ですね。本を注文したら、ほとんど即日か翌日くらいには届きます。

この便利なＡｍａｚｏｎのおかげで、僕たちの身近な町の本屋さんがどんどんつぶれていきます。しかもデジタル書籍が流通しはじめて、紙の書籍の売上は減っている。

それでも日本人は本を買うのが好きなので、本自体はまだもっています。出版社はやり方しだいでは生き残れます。もちろん消費者は困っていません。本が買いやすくなっていて、しかも選択肢が多くなって便利になりました。近所の本屋で本棚に並んでいるぶんしかなかった選択肢が、Ａｍａｚｏｎを使えば何万冊ものなかから自由に選べるんですから。

一見みんなが得しているように聞こえます。

でも、そのかたわらで町の本屋さんは激減している。

一九九九年、書店は日本じゅうで二万二〇〇〇店舗ありました。十五年後の二〇一四年現在、一万四〇〇〇店を切っています。十五年間で八〇〇〇店の減少、つまり毎日一軒以上の本屋さんがつぶれているのです。その流れはとどまるところを知らず、書店業界は深刻という言葉では言い表せないほどの打撃を受けています。

同様にダメージを受けているのが、本を出版社から書店に運ぶ運送屋さん、取次と呼ばれる会社です。

本を愛する読者を守ってくれて、それを仕事にしていた人たちが、どんどん失業している。でも読者はみんな、Ａｍａｚｏｎで安く、手軽に本を買い、読み終わったらブックオフに売りに行く。結果として町の本屋がつぶれて、Ａｍａｚｏｎとブックオフがますます栄えている。

消費者はちょっと便利になり、安くモノが買えるようになるけど、結果として数万人から数十万人の職が失われる事態になっています。

これは自然の流れ、ビジネスの必然なのか？

世の中が勝ち組と負け組に二分されるなら、さっさと勝ち組につけばいいのか？

要するに、いまＡｍａｚｏｎが儲かっているなら、ここに就職すればいいのか？

これもわかりません。書店がここまで危機的な状況になるなんて、Ａｍａｚｏｎが大成功するまで、だれも想像していなかったのですから。

日本人は本をネットで買わないとかつては言われていたくらいです。ビーケーワン（bk1）というオンラインで本を買えるサイトが先陣を切って登場したとき、大半の出版社が「あまり売れないだろうから、在庫に協力できない」と言ったそうです。

でも、Ａｍａｚｏｎが成功して状況はまったく変わってしまいました。いまや本はネットで買うのが当たり前。正直いって、日本の小さな本屋さんの将来はたいへんに難しい。よほどおもしろい試みに挑戦しているか、店舗づくりに工夫をしないと、生き残れなくなっているのです。

「プラットフォーマーはつぶれない」なんてウソ

そうはいっても、Ａｍａｚｏｎやブックオフの天下だって永遠には続かないでしょう。Ａｍａｚｏｎと同様、たった一人の若者のアイデアで書籍や流通にもう一度、大革命が起こったら、Ａｍａｚｏｎもブックオフも消えてしまいます。

グローバル企業であっても安心できません。ＩＴ産業最強の一つと言われたアメリカン・オンライン（ＡＯＬ）はＦａｃｅｂｏｏｋによって叩きつぶされました。

Ａｍａｚｏｎだって Ｇｏｏｇｌｅだって、一年先はわかりません。

Ａｍａｚｏｎは、本以外の商品もどんどん扱うようになっています。いまや世界最大の総合オンライン通販サイトです。

不思議なことに、Ａｍａｚｏｎや楽天が成功するまで、本はもとより、日本でオンライン通販が成功すると信じている人は皆無に等しかった。

いまから二十年ほど前、日本のデパートがこぞってチャレンジしました。三越や伊勢丹や髙島屋はものすごくお金をかけて通販サイトをつくった。まだダイヤルアップ接続と言われるデータ通信量の少ない時代に、バーチャルリアリティと称して通販サイトを無理やりつくり、大失敗したデパートもありました。

結果として、デパートの通販サイトは一つとして成功しませんでした。

「日本人はネットでモノを買わない」が業界の通説になりました。海外がどうであろうと、日本人はテレビショッピングなんかしないし、ネットショッピングなんかもっとしない、と。

テレビショッピングなんかしないというのが三十年前の常識で、ネットショッピングなんかしないというのが十年くらい前の常識。

それがあっさりと覆《くつがえ》されてしまった。

だから、いまは隆盛を誇るＡｍａｚｏｎも安泰ではない。だれかがＡｍａｚｏｎと違うシステムやサービスを思いついたら、その翌年にはＡｍａｚｏｎも倒産するかもしれないのです。

どんなに訳知り顔の経済評論家が、「グローバル企業はつぶれない。彼らはプラットフォームを握っているのだから」とか言っても、信じちゃダメです。同じ彼らは「日本人はテレビショッピングをしない。ネットショッピングをしない」と言いつづけてきた連中なのだから。要するに「いまの常識」を唱《とな》えているだけです。

ＩＴ系の企業に入っても安心できない。Ｇｏｏｇｌｅが新サービスを始めた瞬間に失業です。

そして、そのＧｏｏｇｌｅだってわからない。いまこの瞬間にインドの少年が思いついたアイデアが来年、大ヒットするかもしれない。すると消費者はほんの少し便利になって、それと引き換えにＧｏｏｇｌｅやグローバル企業のいくつかは倒産し、何万何十万という人が失業者になるかもしれない。

これが、僕たちが生きている「二十一世紀の世界」なのです。

就職の終わり

「就活」がしんどい理由は、会社が人を雇わないから。

会社が人を雇わない理由は、以下の三つ。

①企業の平均寿命が五年を切り、これからずっと安泰な会社が存在しない（公務員も安心

ではない)。つまり「半年先の未来がだれにも予測不能」だから。
②新人を雇って仕事を教える余裕がない。面倒な仕事しかもう残っていない。いま固定給を払っている人たちでやりくりするので精いっぱいだから。
③怖くて人が増やせない。新しいアイデアが出てくるたびに一つの産業や業態がつぶれたり、もしくは会社の売上が半減したりするから。

会社が社員を増やせるのは、「今年と同じくらいの売上が来年もある」と信じられるからです。新人を雇っても二年か三年は役に立ちません。それでも二年後、三年後の投資として新人を入れるわけですが、今年と同じだけの売上が来年もあるかまったくわからないのが現状。

ドコモからiPhoneが出るのではないかと噂が飛び出すと、auやソフトバンクは明日どうなるかわからないと巷《ちまた》ではささやかれはじめるわけですよね。現実問題として、競合他社は生き残りをかけて戦略の練りなおしが求められます。

これほどまでに僕たちの社会では、企業の寿命が短くなって不安定になっています。そのことをちゃんと認識していればいるほど、経営者は新人を雇いたくなくなるはずです。

これから先、「ふつうに大学を出たら、ふつうに就職できる」なんて夢にも思ってはいけない。一九五〇年代から五十年以上続いた「会社に就職するのが当たり前」の時代は、終わりを迎えつつあります。就活・転活に絶望する前に、まずはこの事実を覚えておきましょう。

第2章

でも、そんなにお金は必要なのか？

お金は何のために

お金の話をします。

何のためにお金が必要なのかと聞かれたら、みんな決まって「食うためだろ」って答えます。

「食うため」にお金が必要。ほんとうでしょうか？

考えずに即答してください。

あなたは収入の何パーセントを「食うため」に使っていますか？

次にじっくりと、自分の実際の収入と先月の家計を思い出してみましょう。

では、そのうち何パーセントを「食うため」に使っていましたか？

いかがでしょうか。僕たちは、じつは驚くほど「食うため」にお金は使っていないことがわかるでしょう。

たしかに、お金は大事だし、必要です。でもそれは、何か欲しいものを得るために使いたいからです。

そう、「欲しい」であって、「必要」とは違うのです。

必要ではないけれど欲しいもの。どうしてもガマンできないもの。ちょっとした贅沢《ぜいたく》や自分へのご褒美《ほうび》。

僕たちがお金を必要としているのは、「食うため」や「必要だから」といった理由だけではないのです。だからこそ、人よりちょっとでも割のいい仕事に就きたいと望んだり、人よりちょっとでも儲けたいと思ってしまうわけですね。

携帯音楽プレーヤーの入手法はいくつある？

お金はどう使うのか？

たとえば、携帯音楽プレーヤーを買うのにお金は必要です。

「ほらな、やっぱり世の中、カネだよ」

急いではいけません。たしかに携帯音楽プレーヤーを買うためにはお金がいります。でも、お金だけが入手するための「たった一つの冴《さ》えたやり方」なのでしょうか？

僕が思うに、携帯音楽プレーヤーを入手するには六種類の方法があります。

①新品を定価で買う
②ネットで安く買う
③中古をネットで買う
④何かと交換してもらう
⑤だれかからもらう
⑥必要なときだけ借りる
(⑦盗む)
(⑧懸賞などに応募する)

⑦は非合法だし、⑧は確実性が低いので除外しました。これで六種類です。
仮に定価の一万円で新品を買う方法から、九〇〇〇円台でネット通販を通して安く買う方法、さらにその先へ行くにつれて、値段はどんどん下がっていきます。

欲しいものを手に入れるためにはお金が必要だ……と頭をめぐらせているとき、だいたいは①と②しか考えていないんですね。

では、③④⑤⑥は、①の新品で買うことができない負け犬の方法なのでしょうか？

まともな人は新品を定価で買って、それよりちょっとダメなヤツがネットで安く買い、それよりもっとダメなヤツが中古で手に入れて、いちばんダメなのはだれかからもらうヤツ？

違います。

だって、そうでしょう。芸能人が「これ、ソニーさんからもらったんですよ」とか「マイクロソフトさんから提供してもらったんですよ」と番組で紹介しているると、テレビを見ている僕たちは「いいなぁ」ってうらやましがるんですよ。有名人はいいなぁ、得だなぁと思うんですね。

どこかのお店に入って、「これ、店の奢《おご》りです」って言われているのを見て、やっぱり僕たちは「芸能人はいいよなぁ」って思うんです。

それが新品だからだったり、定価で買ったからだったり、あるいはネットで安く買ったからではなく、だれかからもらっている様子を見たときに、その金額以上に「うらやましい」という気持ちが発生するんです。

こうなると、「新品を定価で買う」という当たり前の方法のほうが、なんだか負け組っぽく見えてきませんか？

タダ以上の値打ちとは？

モノをもらう、という行為には、じつは「タダだから」以外のうらやましさがあります。

たとえば、女性がかなり高価な宝石を身につけている場合。「自分で買った」のと「母親からもらった」のでは、どっちがカッコいいか？

言うまでもありません。「母親からもらった」です。「私には愛情が注がれている」「愛情を注いでくれる人もまた、だれかから愛情を注がれた人にちがいない」といった値打ちが、そこには発生するからです。

携帯音楽プレーヤーだって同じです。じつは新品を定価で買うよりも、だれかからもらったり借りたりするほうがカッコいい。

譲ってくれる人や貸してくれるくらいの人なら、使い方まで教えてくれるはずです。

さらに、携帯音楽プレーヤーのなかにはすでに、彼がダウンロードした楽曲が入っているかもしれない。いや、そうに決まっています。タダで譲るくらいの関係なのだから、わざわざ中身を空っぽの状態にはしないでしょう。むしろ、自分で曲を選んで入れてくれていてもおかしくない。「気に入らなかったら消しといて」みたいなひと言をつけて。

そうやって人から渡ってきたものには「お話」がついているんですね。これ、○○さんにもらったんだ、これはナントカさんから借りたんだとか、これ親父の形見やねんとか。だれかからもらったものには必ず、自分のところにやってきた理由やストーリーもいっしょについてくるんです。

もらったものは、そのストーリーを他人に語れる。でも、自分でお金を払って買ったものは「いくらで買ったか」しかありません。せいぜい「どこで買ったか」。銀座で買った、ドンキで買ったとか。

残るは、「これ、いくらだと思う？　違うよ、九〇〇〇円だったんだよ」といった程度の話題。お金でモノを買うのは案外としょうもないものなんですよ。

もらったもの、借りたものには、必ずその人を経た何かがあるわけです。携帯音楽プレーヤーに入っていた曲にしても、「これ大事にしてたんだけど、君のほうが使ってくれそうだからあげるよ」みたいなシチュエーションにしても、そこには何らかのエピソードやその人の想いがある。そのストーリーまで引き継ぐことができるんです。

これ、欧米人にとっては当たり前の話。

欧米のオフィス、それも新しいビジネスを始めて強気で攻めている会社に見学に行くと、「友だちからもらったソファ」とか「オヤジからもらったキャビネット」を決まって嬉しそうに見せてくれます。

彼らはもらったものを並べることで、「いかに自分のビジネスが応援されているか」をアピールするんです。日本のＩＴ企業が新しくオフィスを構えるときに、何から何まで新品をそろえたがるのとは逆ですね。

日本人は新品の家を買うのが好きです。でも欧米人は中古の、それも古い石づくりの家を買うのを好みます。十八世紀の屋敷で、もとは地方領主が住んでいたとか、パン屋だったけど改装して自宅にしてみたんだ……というようなことが、彼らが考える「カッコいい住まい」なのです。

伝統やストーリーを受け継いだその先に自分がいる、歴史の流れのなかに自分も存在している、といった価値観がそこにはあります。

ミームという豊かさ

さて、携帯音楽プレーヤーを手に入れる六つの方法は、①〜⑥の上流に上るほど割高で孤独です。下流に下るほどラクで祝福されている。

二十世紀のあいだは、上流のほうがカッコいい気がしたんですよ。だれの世話にもならず、自分一人の稼ぎで欲しいものを手に入れる。

だから、僕たちはお金が欲しかったんです。

でもこれからは、①〜⑥の下流を使う時代。「所有」から「共有」の時代、「孤立」から「つながり」の時代なのです。

自腹でいつでも買える身分になったら、あるいは必要がなくなったら、それはだれかにあげる。だれかからもらったら、自分も別の何かをほかのだれかにあげる。

携帯音楽プレーヤーを自分で買えるようになったとき、または使わなくなったとき、もし近くに欲しがっている人がいたら、「俺、これを○○さんからもらったんだけど、おまえにあげるよ。たしか音楽好きだろ」って手渡す。こうして自分もそのストーリーの一部になれるんです。

だれかの心に覚えてもらえる。ストーリーの一部になる。これを「ミーム」（知伝子）と呼びます。肉体の連続性に関する「遺伝子」に対して、文化や社会の遺伝子を説明するために生まれた概念です。

ミームは人から人に媒介します。たとえば、あなたが何か新品を買い、飽きたら捨ててしまった場合、ミームはぜんぜん残らない。あなたが死んだら、それを買ったことすらだれも知りえません。「なかったこと」になってしまう。

たとえ使い古したものでも、だれかにあげていればミームは残る。

「あ、これ○○さんからもらった携帯音楽プレーヤーなんだけど、ちょっとびっくり、アニメソングばっかり入ってるよ」

ちょっとびっくりなアニメソングばっかり入ってる携帯音楽プレーヤーを手に入れちゃったよ！

こんなストーリーが生まれるわけですね。

譲り受けた人は、さらにAKB48を入れてもいい。すると、それを次にだれかにあげたとき、「ちょっと待って、この携帯音楽プレーヤー、ヘンだぞ。なんでアニソンとAKBばかり入ってるんだ？」となる。そこにまた自分も偏《かたよ》った趣味のものばかり入れて、それを次の人にまわしたら……その携帯音楽プレーヤーはどんどんおもしろいものになっていきます。

歴代の所有者の「個性」が上に積み重なっていくのですから。

古いもの、中古のお下がりには必ず「ストーリー」があります。そんなストーリーのなかで僕たちも生きていけます。

ところが新品には、そういった「ストーリー」がないんですね。

①新品を定価で買う
②ネットで安く買う
③中古をネットで買う
④何かと交換してもらう
⑤だれかからもらう
⑥必要なときだけ借りる

携帯音楽プレーヤーを手に入れる六つの方法、あらためて見なおすと、最初の三つより、あとの三つのほうが「豊か」ではないでしょうか？

その豊かさをひと言で表現すれば「周囲との関係性の豊富さ」。

お金での取引は、その場で終わり。でも関係性のある取引は、そこから先も育ちつづけます。

ところが、ついつい僕たちは①か②の入手法を考えてしまう。

だから、何かといえば「でも、お金はいるでしょう」「就職しなかったらお金が入らないじゃん」といった感じで、何でもお金で考えてしまうクセから抜け出せないんですね。

そんな発想がますます自分を貧しくする――このことに気づかないままに。

九州から東京に行く最良の方法

クラウドシティという「ソーシャル・ネットワーキング・サービス」の話をしましょう。

クラウドシティは僕、岡田斗司夫が主宰しているSNSで、年会費一万円とかなり高額なので、参加者どうしの結びつきや信頼感は、ほかの無料SNSとはくらべものにならないと自負しています。罵倒や無責任な放言もなく、かなり居心地のいい場所です。

さて、そんなクラウドシティで「開設一周年の記念にイベントをしようか」という話が出ました。しかも僕や主宰者からのもちかけではなく、あくまでも参加者の自主企画です。

「東京でイベントをしようか」「いっそ日本縦断イベントにしようか」といろんな話が出ま

した。結局、東京開催で決着したのですが、参加者のなかに「九州に住んでるから行けない」という人がいて、みんなに注目されました。

こんなとき、結びつきの強いSNSは独自の方向に動きます。「だれかカンパしてあげたら？」という発言が飛び出し、ちょっと余裕のある人がお金を出し合って、そいつを東京に連れてこようという流れになりました。

すごく「いい話」です。

でも僕はそのとき、「携帯音楽プレーヤーの手に入れ方」の実例を説明するチャンスだと思いました。

なので、この盛り上がりにあえて水を差すように「いや、それは違うよ」と思わずコメントしました。

「東京に行きたい」と「お金がないから行けない」を結びつけるのは短絡思考だよ。「お金を渡す」以外の解決手段を考えようよ。

結果的にどうなったか、無責任にも僕は覚えていません。すいません。

ただ、ここで言いたかったのは、「お金というのはまわり道なんだ」ということなのです。

携帯音楽プレーヤーが欲しいからバイトをして一万円貯めて、新品を買いに行って、マニュアルを一所懸命に読んで、でも読んでも使い方がわからなくてカスタマーサービスに電話をして聞いたり、友だちに聞いたり、ひょっとしたら携帯音楽プレーヤーの使い方の本まで買ったりする。

当たり前のことに思えます。

でも、これっていちばんまわり道で損なやり方じゃないですか?

だれかから譲り受けたり、貸してもらえるなら、お金も使わなくてすむし、その人との縁も深くなる。仲良くなることもできるし、使い方を教わることもできるし、その人の「使いこなし」方も聞くことができる。オマケにうまくすれば楽曲まですでに入っている。

いいことばかりです。

僕にはこれが「近道」に見えました。

お金を稼いでちゃんと買う一般的な方法が「まわり道」に思えたんです。

「東京に行きたい、でもお金がない」というのも、まわり道の発想。

「東京に行きたいが手段がない」と考えるべきなのです。そうしたら、「だれか東京にクルマで行く人、私を乗せていってくれませんか?」という選択肢が生まれます。

お金を稼いで切符を買って行くのでは、すべて自分一人きりの問題解決にしかならない。

でも、「だれか私を東京に連れていってください」と発言すると、それは「みんなの問題」になる。

「じゃあクルマで行こう。何人かで行ったら安くなるぞ」というムーブメントになる。

もちろん、自分で切符を買ってさっさと行くほうが単純です。

「ガソリン代を払いましょうか？」と言わなくてはいけない。クルマに乗っているあいだは話題を提供しないといけない。

たぶん、面倒くさいことがいっぱいあります。

だけど、それを避けようと二万円、三万円の旅費を稼ぐために働くことのほうが、じつは面倒くさいんじゃないでしょうか。

しかも、そうやって稼いだお金で切符を買ったとしても、そこには人に語るべきストーリーが何も発生しません。

東京に連れていってもらうあいだに、おもしろい話を出したけどスベった、アホって言われた、ちょっと人生相談してみた、ちょっと楽しかった……そういったストーリーを手に入れるせっかくのチャンスをフイにして、なぜわざわざ「お金」というまわり道を選ぶのでしょうか？

お金がありあまっている人にとっては「お金で解決する」ほうが近道でしょう。でも、何かが欲しくなったり、やりたくなったりするたびに「お金をどうしよう?」と考える大多数の人にとっては、「お金で解決する」のは、とんでもない「まわり道」なのです。

意味もなく必要以上にお金を使いすぎる民族

携帯音楽プレーヤーを買うのに一万円が必要。その一万円ぶんを働いて稼ぐ時間と手間をかけるよりは、だれかから借りたり、もらったりするために使う時間や手間のほうがたぶん小さい。

言われてみれば当たり前な気もします。

でも、僕たちはいつも「買うこと」、つまり、いちばん外側のまわり道ばかりを考えてしまいます。

なぜかというと、煩《わずら》わしさから逃れるためなんですね。

だれかに頼むためには、「俺、携帯音楽プレーヤーが欲しいんだけど、だれかもってないかな?」と言わなくてはなりません。それでダメなら、また別の場所で聞いてみる。かなり面倒です。

東京までクルマに乗せていってほしいなら、だれかに頼まなければならない。乗せてもらう以上、黙って寝ていちゃダメ。やっぱり何かおもしろい話題を提供したり、ちょっとしたサービスをしないといけない。

こうした煩わしさがともなうわけです。

でも、僕たちはこれを過大評価していないでしょうか。

むかしの人なら当たり前にできた「気づかい」とか「間合い」とか、現代人はほんとうに不得意です。いや、不得意だと感じるんじゃなくて「絶対にイヤ」「カネを払ってでも避けたい」と考えてしまう。

この煩わしさを最小にするために、「お金という手段」を使うことしか思いつかない。ほかの手段を思いつかなかったから、僕たちはいつの間にか「意味もなく必要以上にお金を使いすぎる」民族になってしまった。

じつはこれが「昭和経済成長」の原動力であり、同時に、僕たちがお金を必要とする最大の理由なんですね。食うためにお金がいると言っていますが、人間の支出の七割は食うためじゃない。煩わしさを逃れるために使っています。

親と同居なら安上がりでラクに暮らせるはずなのに、いっしょの煩わしさがイヤだから別々に暮らす。家賃も家電も食費も光熱費も、何もかもが大きくなる。

東南アジアの貧しい人たちは、みんないっしょに暮らしています。一〇人、二〇人と家族の規模が増えるほど、じつは一人当たりの家計負担は安くなる。こんなこと、貧しかった時代の日本人ならだれでも知っています。

なのに、数倍・数十倍のカネをかけて、僕たちは親から「独立」しようとします。すべて煩わしさから逃れるため。

親と暮らす煩わしさから逃れるために、この就活困難期に仕事を探して、対人ノイローゼになるほどにお金を稼いで、親と暮らしていたら不要だった家賃まで支払う。

そんな人生で大丈夫でしょうか？

「香港最後の夜」問題

「食べるためじゃない、好きなことをするために働くんだ」

こう言い張る人がいます。ほんとうかどうか、ちょっと検証してみましょう。

月曜から金曜まで週に五日、一所懸命に働いて、お金を貯めて土日で好きなことをする。よくある人生プランですね。

でも、ほんとうにそれで人生を楽しめるでしょうか？

月曜から金曜まで死ぬ思いで働いたぶん、ようやく訪れる休日には過剰な期待がかかってしまいます。こういった現象を「香港最後の夜」問題と僕は呼んでいます。

香港に旅行したら、やっぱり最後の夕食は何がなんでも中華、それも本格的なものを食べないと気がすみません。最終日にマクドナルドなんて言われたら、きっとひどくテンションが下がっちゃう。

一カ月滞在するのなら、一回くらいマクドナルドでもいいんです。それでも、香港最後の夜には、「せっかくだから、やっぱり最後は中華を食べなくては」と、強迫観念のように思ってしまうものなんです。

この「せっかくだから」がやっかいです。

月曜から金曜日までず～っと働いて、やっと土曜になった。これでようやく好きなことができる。

洗濯しようか、ゴロゴロ寝ようか、それとも、たまったビデオでも見ようかな……。

いや、そんなのもったいない。せっかくだから、もっとすごいことしないと！　かなりハードルが上がっています。ちょっとでもイヤなことがあったら次の一週間が真っ暗になってしまうので、絶対に楽しまなきゃ、過剰に楽しまなきゃと無理をしてしまう。こうなるともう、心の底から楽しめない。

香港最後の夜と同じ。せっかく香港に来たんだから。せっかくの休みなんだから。月曜から金曜までストレスをためながら働いてお金を稼ぐ。そのお金を使うことによってストレスを発散する。

なんだかムダで遠まわりです。

ゴミ屋敷とモノ屋敷

お金はムダで遠まわり——そんなこと言われても、いきなり納得できないと思います。

「お金は可能性だ」

「お金があったら何でもできる」

こう信じている人が、やはり大多数でしょう。

たとえば、いまはまだ好きなことが見つからないかもしれない。でも来月、もし新製品が出たら「欲しい」と思うかもしれない。そう思ったときに手に入れられなかったらイヤだ、惨《みじ》めだ。手に入れた人をうらやんでしまう……。

人より幸せになるために生まれてきたのに、そんな思いはしたくない。

だから、お金があればいい。

お金さえあれば、いつでも手に入る。

いま欲しいものじゃなくても、「未来の自分」が欲しがるかもしれないものを。

つまり「可能性」そのものを買うことができる。

そのとおりです。お金自体に価値はありません。でも、どんなものにでも換えることができます。万能の交換ツールなんですね、お金は。だから便利なんです。宇宙旅行も、ドバイの高級ホテルに泊まることも、お金さえあればできるんです。

お金があれば「可能性」が買える。いつか必要になるかもしれないものすべてを手に入れることが可能となる。

でも、はたしてそれは、幸福でしょうか……。

ゴミ屋敷の事件が、一時ニュースで話題になりました。テレビ画面を通して、家の外までゴミがあふれている様子が見て取れます。ゴミがかぶさった垣根をよく見ると、コンビニの袋がぶら下がっている。そこに、コンビニでチャーハンやら麻婆丼やらカレーやらを買うと必ずついてくるプラスチックのスプーンが何本も刺さっているんです。それも使用ずみのが、です。スプーン以外にも使用ずみの割り箸や骨の折れたビニール傘が刺さっています。

ゴミ屋敷に住んでいるおばあさんに、テレビのレポーターが尋ねました。

「なんでこんなところに住んでるんですか？　こんなに何本もスプーンいらないじゃないですか。捨てましょう」

でも、そのおばあさんは答えるんです。

「まだ使える」

「いつ、必要になるかわからない」

「だから捨てられない」

そう、おばあさんにとってゴミはゴミじゃない。「これはまだ使える」と、そのおばあさんは言うわけです。

「使える」っていうのは百歩譲ってわかる。でも、一人暮らしなのにスプーン六本もいらないでしょ。じゃあ五本は捨てようよとレポーターが言うと、「でもまだ使える」と納得しません。

とにかくゴミであふれています。でも、おばあさんにとってはゴミではない。コンビニのスプーン同様、すべてが「使えるもの」「値打ちがあるもの」「手放したら損をするもの」なんですね。

いまや家のなかは、おばあさんが寝転ぶスペースしかありません。汚いだけでなく異臭まで放っています。

住宅街の角地にある、地価八〇〇〇万円は下らないような家。ある程度の広さがあり、もともとはきれいな家だったはずです。ちゃんとした状態なら、建物とかも含めて一億円以上で売れたかもしれません。

でも、その家のいまの値打ちってゼロ円、いやマイナスです。そんなおばあさんが住んでいて、ゴミ屋敷なんだから。

それどころか、まわりの家の地価まで、ゴミ屋敷のせいで大幅に下がっているんですね。近所の人たちが家を売りたいと思っても、ゴミ屋敷が近くにあるという理由で、本来なら七〇〇〇万円で売れる家が五〇〇〇万円でも売れない。

もし、どこかの家で持ち主のおじいさん、おばあさんが死んだら、遺産相続でエライことになりますね。

「なんでこの家が五〇〇〇万円なんだ！　あそこにゴミババアが住んでいるからだ。行政に言っても追い出してくれないし」

事態がここまできたら、このおばあさんに社会復帰はもう不可能。最初はちょっとしたこだわりでモノが捨てられなかっただけなのに、ついには近所の人から嫌われてしまいます。

異臭騒ぎとか、たんなる迷惑問題じゃない。地域全体の地価を下げてしまったのだから、おばあさんはパブリックエネミー、その地域の「公共の敵」になってしまうのです。

近所の人だけじゃなく、見知らぬ人からも好奇と嫌悪の目で見られる。そしてついには周囲を呪いながら生きていく……。

でも、そのおばあさんはその生き方をやめられません。「まだ使えるから」「捨てたら損をするから」です。

哀しい話です。同時にちょっとゾッとします。

僕たちが住んでいるのも、ひょっとしたら似たような「モノ屋敷」かもしれない、と思うからです。

カネ屋敷

以前、政府の関係者からお金持ちの暮らし方について聞いたことがありました。超富裕層の大多数が七十歳、八十歳以上の高齢者で、かなり気の毒な人が多いそうなのです。

こういった話になると、たいてい世代論が始まりますね。

「そんなじいさん、ばあさんが五億円も一〇億円ももっているのが悪い。どんどん使って若いヤツにまわせ」

でも、一度落ち着いて、このおじいさんやおばあさんの気持ちになって考えてみてください。その人たちには、五億か一〇億のお金だけがあって、行くところがないんです。

そういったおじいさんやおばあさんの家に行くと、テレビの音量がとても大きいそうなのです。人間は年をとれば耳が悪くなり、遠くなります。この変化は数年がかりでゆっくり進行します。だんだんと高い音が聞こえにくくなったり、ある周波数の音が聞こえなくなったりと、徐々に変化するそうです。それと並行して、テレビのボリュームも少しずつ上がっていく。

家族といっしょに住んでいたり、親しくつきあっている人がいれば、「あんた、耳が悪くなってるんじゃない」と指摘されて、補聴器をつけるでしょう。

若い人には理解しにくいでしょうが、補聴器をつけるのは、高齢者にとってものすごくプライドが傷つく問題なのです。自分の耳が遠くなっていると自覚するのは、おもらしするからオムツをつけてください、と言われるのと同じくらいショックなことで、だれかから言われて受け入れられるものではありません。

かといって、お金持ちのおじいさんやおばあさんには、補聴器をつけろと優しく言ってくれるような身近な人や親しい友人がいない。周囲から他人を排除して、だれにも騙《だま》されず、お金を分けずにすんだからこそ資産を保つことが可能だったのだから。

結果として、いつまでもテレビの音が大きいのです。

この話を聞いて、とてもせつなくなりました。

これは、いわば「カネ屋敷」です。

富裕層の高齢者から若い人にお金をまわすべき――それは正しい経済政策かもしれないけれど、同時に絶対まちがっています。

そういったかわいそうな人たちからお金を取ることは、生きるための心の支えになっているものを奪うということでしょう。五億円か一〇億円かはわかりませんが、そのおじいさんやおばあさんたちからすれば、お金しか逃げる先、頼るものがない状態なのです。

いっしょに生活して世話を買って出るくらいでないと、そのお金をもらってはいけないと思います。自分が逃げる先になりましょう、面倒をみましょう、と覚悟して入っていくなら、共同体としてそのお金を使う資格が発生するかもしれませんが、「とにかく若い者に金を」といった政策や運動にはうなずけません。人間性の否定に通じる意見だと思います。

お金は「尽くすため」「貢ぐため」にある

では、お金はいったい何のために必要なのでしょうか？

僕なりの結論を話しましょう。

またもや前述のSNS、クラウドシティの話です。ここに所属する男性が、ある女の子と知り合いになった話を日記に書きました。こんな話です。

その男性は、気持ちや心に障害をもつ人の会合に参加した。同じような悩みを抱えた人たちどうしで、「いまこういう状態なんだけど、これからどうしよう？」と相談し合ったり、励まし合ったりするサークルです。

そこで、ある女の子が、「私は中学生のときに家出をして、ある男の人のところに住んでいる。自分は統合失調症の気《け》があって、おまけに皮膚病でアトピーだから、お医者さんに診てもらいたい。でも、いっしょに住んでいる男性は保護者でもなんでもないから治療費も出してくれないし、病院にも連れていってくれない」と話したそうです。

女の子の家出の理由は、「母親といっしょにいるのがイヤだったから」。母親はごはんも食べさせてくれないし、病院にも連れていってくれなかった。それにくらべて、いまいっしょに暮らしている男性はごはんを食べさせてくれるし、ここにいてもいいと言ってくれる。

でも、その女の子もタダで住まわせてもらっているわけではなく、その男性は家に転がり込んできたその女の子を、セックスの相手として利用している。

その話を聞いた男性は、とても衝撃を受けて悲しみました。彼はクラウドシティの日記に書きました。

「僕に何ができるんでしょうか?」

「彼女にお金をあげることしかできないんでしょうか?」

僕はそのコメントを読んで、ムカッと腹を立てました。

人間は、自分の無力感に対して腹を立ててます。正義ゆえにとか、悪に対して腹を立てる人間はいません。みなさんも腹が立ったら、自分の心の中をのぞいてみてください。自分の無力感と対面するのがイヤだから、人は腹が立つんです。

僕はそのとき、「当たり前じゃ！　四の五の言わんとカネ渡せ！　その女の子にカネを渡すことしかでけへんに決まっとるやろ！　そんで、その女の子を引き取れ！　そうでなかったら、何のためにカネ稼いどるんや！」と大声で言いたかった。

その女の子を連れてくれれば、少なくとも、病院に連れていってもくれず、セックスするだけというその男との関係を引き離すことはできるでしょう。

そういうことをするために、われわれ男性は「お金を稼いで一人前」という顔をしているんじゃないのか？　ＳＮＳに「僕に何ができるんでしょうか？」などと書いている暇があったら、吉野家でもどこでも行ってバイトして稼いで、その女の子を連れて帰ってこい！

多少は口調を和らげて、でも僕は日記に厳しいコメントを書きました。

その後、その男性と女の子がどうなったかはわかりません。現実としては、知り合い程度の女の子にお金を渡すのは難しいだろうし、会合にもそれっきりだったのかもしれません。あるいは、僕の強すぎるコメントに引いてしまって、それっきり話題に出なくなっただけなのかもしれません。

それはさておき、僕自身は、そのとき自分から出てきた言葉に驚きました。

「だれかの世話をするためにお金を使うこと」

これこそ稼ぐ動機、お金が必要な理由の本質ではないか。

自分一人が生きていけばいいのなら、いろいろな方法がありますし、お金以外でもなんとかなるかもしれません。でも、だれかの世話をするとなると、自分だけではどうにもならないこともある。

たとえば、子供に何かしてやりたい、きちんとした教育を受けさせてやりたい、医者に診せてやりたい……となると、どうしても現金が必要です。

「尽くす」とか「貢《みつ》ぐ」という行為がなくならない理由もそこにあります。

「この人のために何かしたい」と思ったときに、人は働くことができる。

だれかの世話をするためには、お金が必要なんです。

経済成長が生活を苦しくした

では、だれかの世話をするために、実際にはどれくらいのお金が必要なのでしょうか？

第二次大戦後の日本は、急激にカネがかかる社会になりました。裏側から見れば経済発展です。いえ、経済発展が表で、カネがかかる社会が裏側、という見方がふつうでしょう。

家族六人にテレビが一台しかない時代、家庭の総生活費はかなり低いものでした。でも、みんなが欲望をどんどん増やしていきます。家族といっしょにいるなんてうっとうしい、自分の部屋が欲しい、別々に住みたい、自分のテレビが欲しい……。欲望が広がっていくと、さらに子供も個室が欲しくなり、夫は書斎を欲しがります。

ついには全員バラバラの部屋にいて、一台で事足りていたテレビを六台も買うようになりました。

このテレビが六倍売れる状態を「経済発展」と呼んできたわけです。

大正時代の日本は、旦那さま一人が働いていれば、そのもとで家族はもちろん、使用人や運転手、なんとなく居候《いそうろう》しているおじさんなども含めて、一五人くらいは食べていけました。

昭和三十年代、『ALWAYS 三丁目の夕日』の時代も、お父さんが働けば何人もの家族を養えました。昭和四十年代くらい、アニメ『サザエさん』の時代になると、波平さんとマスオさんが働いて家族七人が生活できています。

それから先の『ドラえもん』や『クレヨンしんちゃん』の時代になってくると、お父さん一人の稼ぎでは、三人か四人しか食べていけない状態になってきます。

このような変化は、結婚が難しい現状にも通じています。いまはお互いに働いているけれども、結婚して子供ができたら、どちらかが仕事を辞めなくてはならない。すると食べていけないから、結婚に踏み切れないし子供なんてつくれない。こう考えている二十代、三十代の男女は多いようです。

ついに、われわれの社会は自分一人を食わせることで精いっぱいの社会になってしまいました。

だれも人の面倒をみることができないし、子供もつくれない。

こうなったのは経済の低成長・マイナス成長のせいだ、豊かな生活をするためにもう一度大きく経済成長する必要があるんだ、と力説する人はたくさんいます。

でも、それはウソです。

かつての「一人が働いて一五人を養う」ところから、日本人は「生活コスト」を上げつづけました。はね上がるコストになんとか見合うだけの収入を得るために、必死で働き、日本は大経済発展時代、別名バブル時代を迎えました。

二十数年ほど前のバブル経済期は、ただ無駄づかいが繰り広げられた時代ではありません。

人間は本来なら、一カ所に固まって生きるようにできている社会的な生物です。ところが、一人ひとりがバラバラに好きなことをすることが幸せであり、その欲望を叶えることこそが経済的な発展である、という、うまいトリックがたまたまこの期間に作動して、だれもがそれを信じてしまった時代。

それがバブル時代なのです。

すでにバブル的な経済成長は終わっているのに、それでも僕たちは当時の考え方を捨てられないでいます。結果、いまの日本社会では、生活にやたらとコストがかかるようになってしまいました。

だから、だれかの世話をしようと考えたときに、一人を養うためには何万円もかかる、と発想してしまうのです。

かつて栄光だった経済成長や消費社会の繁栄が、いま逆に、僕たちの暮らしを高コスト化し、生きづらさをもたらしているのです。

人間一人の維持費はペットと同じ月二万円

クラウドシティの日記に、「男が結婚を考えると、高くつく」とある女性が書きました。結婚するにはこれくらいの稼ぎが必要だ、という話題のなかで出てきた実例です。

男性が女性の世話をしようと考えるとき、やたらと高い金額を見積もるけれども、じつはそんなにかからない、私の弟の話を聞いてください、と言うのです。

彼女は弟と暮らしています。そして、弟と暮らすことによってかかる生活費の上昇幅は「二万円」だそうです。

弟はごはんをつくってくれたり、彼女が仕事に出かけているあいだに、掃除をしてくれたりクリーニングを受け取りに行ってくれたりと、生活の面倒をみてくれます。バイトもときどきしているらしく、そこで稼いだお金は自分の小遣いとして使っています。彼女から弟に小遣いのようなものは、とくにあげていません。

食費、水道光熱費、インターネットの通信費など、弟のための経費が毎月二万円かかる。彼女は以前からちゃんと家計簿をつけていたから、上昇幅がわかるそうです。

つまり、人間一人の世話をするために必要な金額は、わずか二万円なのです。

「ペット一匹程度の維持費だね」と彼女の日記を読んだ人たちは驚きました。

一カ月に二万円あれば、先ほどの話に出てきた心に障害のある女の子を引き取ってくることもできるはずです。

僕たちはどうも、人を養うことを高コストにとらえすぎているようです。

デモを行う、社会運動をするなど、世の中をなんとか変えようとするための方法はいろいろあります。でもそのなかに、「月収を一〇万円増やして、五人を引き取って養う」という選択肢もあっていいはずです。

ふつう、そのような発想にはなかなかいたりません。でも本来、お金というのはそんなふうに使うためにあるんだと僕は思います。みんなが、使うべきではないタイミングで、新品を買ったりしてお金を使ってしまうけど、それとは逆なんです。

発作的に新製品や新品が欲しくなり、それを定価で買うことばかり考えてしまう……。

一方で、困っている人を助けなきゃ、とデモに参加したりネットの書き込み運動に加わったり。もちろんいいことだし立派だけど、その行動では困っている人にお金は届きません。

これが、おかしな循環を生んでいるのです。

自分の欲望はできるだけ安く叶えて、他人の幸せにお金をかけるようになると、社会のなかで物事が動くようになります。いまは、だれもが正反対のことをしてしまうから、すべてが歪《ゆが》んでしまうんです。

「愛されニート」という生き方

弟といっしょに暮らしていると書いた前述の女性は、自分の弟をこう表現しました。

「弟は〝愛されニート〟なんです」

なんてセンスがいいんでしょう！

世紀の名セリフですから、ぜひ覚えてください。

弟は年じゅうお姉ちゃんの機嫌をとっているわけではないようです。でも、家では必要最低限の奉仕活動をしながら、迷惑にならないようにしています。彼女のほうも、二万円の維持費しかかからないなら、弟はべつに働かなくてもかまわないと思っている。

なるほど、まさしく「愛されニート」です。

就職や仕事の問題に悩んでいるみなさん、「愛されニート」という生き方を選んでみるのはどうですか？

もちろん、「この生き方がベスト」と言っているのではありません。家族の性格や関係性が最重要ポイントですから、本人がそう望んでも無理かもしれません。

ただ、まちがいなくこの生き方だと、コストをもっとも低く抑えられて、ストレスも最小限ですみます。それは昭和初期や大正時代の「居候」に近い生き方です。

人とそういった関係を築けない、愛されるのが下手な人間は、お金を使って生きるのがいいでしょう。人間関係がイヤで「愛されるなんて、まっぴらごめんだ、自由に生きていきたいんだ」という人は、絶対にお金を稼ぐべきです。

ペントハウスに住み、だれにも会わずに自室に出入りして、帰宅したときにはメイドさんが完璧に掃除を終えた、だれ一人いない状態で、起きたいときに起きて、食べたいときに食べて……。

そういった生き方を望む人は、ぜひ自分できちんとお金を稼いでください。だれにも頼りたくない、だれにも頼られたくない、という人ほど、お金が必要なのだから。

くりかえしますが、お金とは「だれかを助けるため」に必要なもの。その対象を自分に置き換えて、自分で稼いだお金で自分を助けるしかない。

その代わり、人とかかわることで生まれる煩わしさは最小限にとどめられます。人間関係を迂回《うかい》すればするほど、莫大なお金がかかりますが、煩わしさの中心から逃れることはできるでしょう。

そうしたい人は、お金を稼いで生きる方法を考えましょう。

僕たちはこれまで、他者とのかかわりあいから逃れようとしてきました。かつて過ごした農耕社会から貴族社会、大家族社会が、とてもしんどいものだったせいでしょう。

そこから離れてみると、人とかかわらなくていい自由が楽しかった。

いまは、その自由を過大評価しているのかもしれません。

五〇種類の仕事をしよう

次章より、さらに現実的な話になります。

その一つが「五〇種類の仕事をしよう」という提案です。

「えっ、五〇もするんですか?」と驚かれるかもしれません。でも、五〇種類のなかにはストレスの強い仕事も、弱い仕事もある。

そこが、ポイントです。

たとえば、座り仕事でストレスを受けた場合、横になったからといって疲れはとれません。運動など別のストレスで発散するしかないのです。運動をしている人は、読書や映画など、また別のストレスをかけるしかない。

そうやって、いろいろな種類、いろいろな強度のストレスをかけることで、身体はやっとリラックスしてほぐれてきます。

ストレス自体を軽くしたり、なくしたりではなく、種類を増やしてストレスを発散することでしか、僕たちはストレスから逃れられないんです。

五〇種類という数も、極論ではありません。

僕自身が、これに近いやり方で仕事をしています。僕はフリーランスで、いろいろなところから仕事を依頼される立場です。著書の執筆や大学での講義以外にも、たくさんの仕事をしています。

なかには、しなくてもいいようなこともあります。

学生の相談に乗るのは完全に趣味。報酬の面から見れば、はっきりいってマイナスです。

自由時間や睡眠時間を削ってまで学生の就職相談に乗って、ときにはパフェまで奢ってしまったりして……。

なんでこんなことをするんだろう。ときどき自分でも思いますが、そのほうが、結果的に好きなことをのびのびとできるようになります。

その秘密は次章以降でくわしく語りましょう。

第3章

お金は動かなくても経済はまわる

正社員も結婚も欲しいのはその「立場」

お金にならない仕事を含めて、僕が五〇もの仕事をしているのは、いったいどうしてか。端的にいえば、目先の稼ぎよりも他者から感謝され評価されることのほうに、ずっと価値があると考えているからです。

評価を集めて、その評価の使い道を考えること。

これがいま、貨幣経済に取って代わろうとしている「評価経済」です。

第1章で述べたとおり、ネットという黒船によるハイパー情報化社会がやってきて、ごく少数は儲かるけど大多数の人は職を失う時代になりました。リアルマネーによる貨幣経済は徐々に縮小して、評価経済が拡大しています。

幕末と同じように、多くの人が黒船の来航を恐れています。就職できないことや職を失うこと、お金を稼げなくなることに加えて、理由はもう一つあります。

それが「立場を得られなくなる」ということです。

「派遣社員よりも正社員のほうが有利」だとか「派遣社員は生涯年収が低い」だとかは、世間的によく言われる話です。ただ、こうした有利さや年収の違いが、この話題の本質ではありません。

ほんとうは、だれもが「正社員という立場」にこだわっているんです。

「結婚したらリア充」（「リアルが充実している」という意味）だと言われるのも同様で、人は「結婚している」という立場を欲しがります。

結婚することで、「だれかから求められている私」「安定した生活のもとで暮らしている私」という立場を、世間から認められたい。「○○さんの旦那さん」「○○さんの奥さん」と呼ばれることで、「ただの自分」にある程度、社会的信用という名の保険をかけることができます。

江戸から明治に時代が変わったときにも、維新が起きて士農工商という身分制度がなくなりました。ところが、坂本龍馬が身分のない世界のすばらしさと自由さ、ダイナミックな将来性をいくら語っても、当時の人々はまったく歓迎しませんでした。それどころか、大反発です。

「身分のない社会が来たらいいな」なんて思っていた人は、ほとんどいなかったんですね。

たとえ下級でも武士であることは当時の彼らにとっては誇りだったし、商人や農民も「好きに暮らしていいよ」と言われても実際のところは困るだけでした。

身分がなくなる＝自由を満喫できる、ではない。

当時の人々にとっては、身分がなくなる＝何を信じていいのかわからなくなる、だったのです。

リアルな関係がほんとうに欲しいの？

貨幣経済が弱体化してハイパー情報化社会が到来するとき、評価経済が台頭するときも、維新によって武士や町人といった身分差がなくなったように、いま僕たちがもっている「仕事」「立場」「評価」はなくなり、「リア充／非リア」だとか「結婚している／していない」といった区別も意味がなくなります。

これが、貨幣経済社会が縮小する過程で起きる本質的な変化です。

リアルな関係性はしだいに薄れていくでしょう。

とはいえ、結婚できなくなったり、家庭をもてなくなったり、食べていけなくなったりするわけではありません。

ところが、それが崩れていく最中だからこそ逆に、リアルな立場に対して強い未練を抱いてしまうんですね。

就職に焦ったり、結婚を急いだりするのがその典型。

かと思えば、なぜかそれとはうらはらに、具体的に考えられなかったり、踏み込めなかったりもする。

固定的な人間関係に強いあこがれをもつのだけれども、同じくらい恐れも抱いている。ものすごく、逆説的《パラドキシカル》な状態です。

大学生は「就職したい」と叫びつつも、どこか踏みとどまったところがある。大学四年生の教え子から話を聞くと、彼らのほとんどが「就職したい」のではなく「就職しなきゃいけない」と思い込んでいるのです。

「リアルな関係を手に入れなきゃ」と焦ったり恐れたりしているけど、心の底からは欲していない。

じつはもう、貨幣経済から評価経済へという社会の変革が起きていて、学生たちはその変化に対して敏感にシンクロしているのでしょう。

他人から仕送りをもらう女子大生

さて、これから先、「仕事」と「仕事ではないこと」の差もどんどんなくなっていきます。

いまの大学生やフリーターたちが、「こういうことに熱中している」「自分はこれを第一優先に人生を送っていきたい」と口にすると、親を筆頭に上の世代からは、「それで食べていけるのか？」と尋ねられるでしょう。

彼ら年上世代は、「やりたいこと＝食うための手段」と思い込んでいるからです。

でも「やりたいこと」と「食べていくこと」がリンクしない社会がやってきます。

立場が消失すれば、「雇う側」と「雇われる側」の区別もなくなっていきます。たんに「いっしょに働いているか」「いっしょに働いていないか」があるだけ。

「雇われる」という言葉が「参加する」になる。

「稼ぐ」「働く」は「手伝う」といった言葉に置き換わることになるでしょう。

明治維新ならぬネット維新とも呼べる過渡期だけに、これまでにない発想や新しい動きも目立ってきました。

たとえば、二〇一二年ごろに話題になった「studygift」（スタディギフト）という活動。写真ブログで人気を集めた大学生の女の子に対して、奨学金のようなものをネットで集めようという活動です。

かつて「娘に学費を出してやる」「仕送りをする」のは親の仕事でした。

それがいまは、関係のない大人が、彼女の将来への期待値＝評価を「お金」というかたちで渡して、活動に賛同する姿勢を示すだけでなく、進言したり、文句を言ったりするようになった。

その子と血縁かどうか、知り合いかどうかは関係ありません。むしろ、そういった境界を踏み越えて介入したり、具体的な影響を与えようとしたりする。

「立場」がどんどんなくなっている証拠です。

「かわいげ」がなければ孤立する

これまでのような「面倒をみるのが当然」という固定的な立場や関係も、どんどん変化しています。

むかしは、親戚の仕事の世話は当たり前でした。だから学生が仕事を探すときは、「まず親戚の叔父さんに相談」がごくふつうのルートでした。でもいま、就活の時期に「まず親戚に相談」という学生は少ないでしょう。

同様に「夫婦だからいっしょに住む」という関係まで変化しています。いっしょに住みたいから住む。便利だからいっしょに住む。こうした「そのときの気持ち優先」が僕たちのあたりまえになりつつあるのです。

さらには、「親だから子供の面倒をみる」とか「子供だから親の面倒をみる」ともかぎらなくなっていく。

子供の助けは借りず、自分でケアハウスに入る老人は多い。いつまでも親の世話になるひきこもりやニートが激増する一方で、大学時代に一人暮らしを始めて、卒業後は完全に独立する子供も増えています。

「大学を卒業して数年したら独立」というかつてのパターンはもう崩れています。若者や弱者がだれにサポートしてもらうかは、個人によって違う。こんな社会がやってきたのです。

そうなると、つながりが薄くなって、弱者はどんどん孤立するかもしれない。

逆に弱者であっても、どこにいようが、だれとでもネットを介したコミュニケーションがとれるようになるわけですから、つながりは無限になり、「助けてもらえる可能性」も無限に拡がっていきます。

どうなるかは、その人の「評価」しだいです。

他人とのつながりをつくれなかった人は、頼れる親に最後まで依存することになる。ネットなどでつながりをどんどん強化できる人は、親や地域からも自由になれる。

広大なネットの海で、会ったこともないだれかからサポートを受けられる世界がやってきたら？

『未来改造のススメ』（アスペクト）という僕の本の共著者でもある小飼弾さんも予見していますが、「無償の奉仕」や「かわいげ」が、いまよりもっと重視されるようになるでしょう。

「かわいげ」のある人は、いろんなサポートを受けることができる。

「かわいげ」のない人は、自分のチカラだけで生きていかなくてはならない。

いまや「かわいげ」は、ビジネススキルや資格よりも「生き残り戦略」にとってずっと重要な要素になりつつあります。

血縁に縛られない家族モデル「ビッグダディ」

僕たちはすでに、一日の多くをネット上でのやりとりに割《さ》いています。電車のなかを見まわしてみましょう。大半の人がスマホをいじっていませんか？

恋人や家族や親友よりも、ずっとずっと多くの時間を僕たちはネットに投資しています。

「なぜそんなことをするの？」

「身のまわりにいる人のほうが大事なんじゃないの？」

そう考える人がいるのも、もっともでしょう。その批判は正しい。と同時に、数年後には効力を失ってしまうでしょう。

これまでの価値観や、当たり前だったことが崩れつつある。

だから、多くの人が漠然とした不安を抱えています。

こんな時代だからこそ、人は「古い価値観」「古い家族像」にあこがれをもちます。

「失われつつある価値観」は、僕たちのリアルな生活からは遠ざかります。代わりにコンテンツ化され、大衆芸能やエンタテインメントとしてもてはやされます。

たとえば、昭和の名作マンガ『巨人の星』。

これは、当時のムードや流行を反映させた作品ではありませんでした。テレビアニメがヒットした時代の流行語は「シラケ」や「マイペース」。『巨人の星』が体現していた「ど根性」などというものは、すでに旧世代の価値観でした。

「根性論なんか流行《はや》らない」「精神論になんかついていけない」と言われていたからこそ、逆にそうした「失われつつある価値観」を求める視聴者に大ヒット。時代遅れの「根性」を謳《うた》い上げた『巨人の星』は、大衆型のエンタテインメントとしてもてはやされることになったわけです。

一九八〇年代の後半、当時の最新流行となったトレンディドラマや純愛ドラマは、「恋愛感情にふりまわされる」ウェットな感覚が飽きられ、面倒くさく感じられてきたバブルの終わりごろに人気を集めました。

『ドラえもん』だって同じです。アニメ化された一九七〇年代には、すでにジャイアンみたいなガキ大将は絶滅していました。「土管のある空き地」というジャイアンのリサイタルステージも、すでに東京では見かけなくなっていました。

二十一世紀のいま、「大家族モノ」と言われる番組の視聴率が好調なのも、ここに理由があります。僕たちのリアルな生活から「家族の絆」が消えかかっているからこそ、大衆芸能としてテレビで流行るのです。

ただし、かつての家族といまの家族ではずいぶん違います。大家族のなかに、他人の子供がいたってかまわない。そうした変化の時期に来ている。血縁でもなければ、地縁でもない。ただ、いっしょにいる人間を大事にしながら暮らせればいいというように価値観が変容を遂げて、「大家族」がエンタテインメントとして見られているわけです。

「ビッグダディ」シリーズは、住むところをどんどん変えたり、社会のコミュニティやメディアの力を利用したりしながら、新しいタイプの家族像を成立させている近未来的なモデルとしても、おもしろいですよね。

成功＝金儲けではなくなった？

先日、「エコノミスト」という雑誌の記者が「評価経済について教えてください」と、やってきました。

経済畑の人間でもなんでもない僕に、経済専門誌がなぜ取材に来たのかと尋ねたところ、

「若いキーマンにインタビューをすると、必ず『評価経済』というキーワードが出てきて、岡田斗司夫の名前があがる」と言うのです。

「エコノミスト」は長年、頭がよくて元気なビジネスマンをメインに取材をしている雑誌です。十年くらい前までは、お金儲けに熱心な若い起業家がたくさん登場していました。こういうふうにビジネスモデルをつくるんです、とか、こうやって史上最年少で上場しました、とか、お金にまつわるサクセスストーリーが記事のほとんどでした。

そして、彼らこそが「不況に負けない元気な若者」の象徴として扱われていました。ところが、ここ最近、世間で「革新的」と言われる若者に話を聞くと、みんなが判を押したように、「いや、大事なのはお金じゃないんです」と言い出すようなのです。さらに掘り下げてみると、岡田斗司夫が言いはじめた「評価経済」の流れに影響を受けているらしい。と、ここまでなら、若い人たちのなかだけでの流行や一時的なブームである可能性もあります。

ところが、ほぼ同時期に「東洋経済」という経済誌も取材にやってきました。

経済誌の記者とは、今後の経済発展や景気の回復に関して、あちこちに広いアンテナと人脈を張っている人種。その彼らが、最近はマネー経済とは違う原理によるムーブメントが起きているぞ、とキャッチして、注目せざるをえなくなっている。

「お金ではないもの」が動き出している、とまでは気がついたけれども、表面的には変化がとらえにくい。

そこで、その正体を知るために、「どうやら岡田斗司夫が評価経済の総本山であるらしい」と話を聞きにやってくるようなのです。

最高のお米はタダで出まわっている

専門誌がこぞって興味を抱き、読み解こうとしている「評価経済」とはいったい何なのか？

話がちょっと難しくなってきましたから、少し具体的な例をあげて説明しましょう。

たとえば、お米。

お米って、じつは農家でつくっている総量の二〇パーセントから三〇パーセントは、世の中にタダで流通しています。知り合いに農家の方がいる人は、思い当たるふしがあるかもしれません。農家は自分のところで獲れたお米の一部を、親戚とか知り合いにタダで配っているのです。

これを「縁故米」とか「贈答米」と呼びます。

つまり、「お米の二〜三割は、お金を払わないでも食べられる」ことになります。

お米だけではありません。農家と漁師さんはむかしからお米と魚を交換している。多くの人が「買って当然」と思っているものが、第一次産業で働く人たちのあいだでは、無料でやりとりされていたりするんです。

このやりとりこそ、評価経済の基本です。

貨幣経済から評価経済への移行について語るとき、「お金を使わずに、どうやってモノをやりとりするのか」というツッコミがたいてい入ります。が、表面化していないだけで、現に世の中の何割かの人は、お米を手に入れるためにお金を払っていません。

日本産のお米をすべて日本人全員が同程度に食べると仮定すれば、理論的には、日本人のうち四〇〇〇万人は、お米を「ベーシックインカム」として支給されているのと同じなのです。

そして、そのベーシックインカムの出資元は、「お米を手に入れるためには貨幣経済しかない」と思い込んで、消費税やら手間賃やらを含めたお金を払ってお米を手に入れている

「僕たち」です。

しかも、タダで出まわっているのは「いちばんいいお米」。

売られているのは「次にいいお米」。

だれでも、身内に配るものにいちばんいいものをまわします。

お米でも牛乳でも、たいていは農家から農協が一括して買い上げる。そして、品質を一定に保つために、すべてを混ぜてから出荷します。だから、一軒一軒の酪農家が「おいしい牛乳をつくろう」とこだわりをもって完成したいちばんおいしい牛乳は、自分たちで飲んだり親戚に配られたりしている。貨幣経済に乗っかる以前に「贈与」されているんです。

その贈与のための経費や生産費、輸送料を「二番目のお米」をお金で買っている僕たちが払っていて、それをお米や牛乳の「定価」だと思い込んでいるのです。

「お金がない世界」の足音

贈与には「評価」がともないます。

知り合いの、そのまた知り合いにまでおいしい新米をタダで配っている農家でも、言い方を変えれば「贈りたい人にしか贈らない」はずです。

ぶっちゃけてしまえば、自分が好きな人、自分が高く評価している人に対して価値のあるものを贈り、それを相手に対する「貸し」としている。もちろん、そこまで意識的に損得勘定をはたらかせている人は少ないでしょうが、継続していると、そういった「自然な流れ」ができてきます。

何かを贈った相手には、透明な「貸し」が発生する。

貸しに対する「お返し」は、贈り主の心を和ませるような心のこもったお礼の手紙かもしれないし、次の刈り入れの手伝いというマンパワーかもしれません。または、お中元のお裾分けだとか、その家では使わないビール券かもしれません。

何をやりとりするかは人それぞれでしょうが、とにかく相手がお返しをまったくしない人だったら、無料の贈与はいずれおのずと集まらなくなるはずです。

かつての限定的な情報社会では、このようなやりとりは難しいものでした。だれにお米を渡したか、貸しがいくらか、どんなかたちで貸し借りをするのかを記録することや、意思を広く伝達すること、時間や距離を越えることなどは、手間がかかり困難だったからです。

返礼を催促すれば、がめついヤツと言われるかもしれない。

去年の「貸し」は年を越したら忘れたほうがいいのだろうか……。

このように、やりとりにともなう煩わしさがありました。

でも、ハイパー情報化社会の到来とともに、こうしたやりとりは、だれもがたやすく実現できるものになりました。お米があまっている人は、「お米を差し上げます」とSNSで呼びかけて、欲しい人はすぐに「譲ってください」と応えられる。

さらにそこから、「借りたら返そうよ」という透明な届け合いのサイクルが延々とつながっていく。

「お金を動かさずに経済をまわす」

こうしたサイクルが、評価経済の完成イメージです。

そうなると、評価経済が進んだらGDPが下がってしまうのでは？

僕も最初はそう考えていました。

でも、まったく逆だったんです。貨幣経済上のGDPはたしかに下がるでしょう。ところが、既存の経済思想では計測できない評価経済は上を向いている。

銀行からカネを借りる人が減ると、経済評論家たちは「不景気だ」と騒ぎ出す。

違うんです。銀行からカネを借りなくても、カネを介さない人手やモノの貸し借りが水面下で増えている。そこでは個人の評価が上下して、ちゃんと「経済活動」になっている。貨幣経済は低迷しても、評価経済は活発に活動しているんです。

評価経済上のムーブメントは、数字やデータでは表現しにくいものです。ただ「見える化」しにくいだけで、実際には、多くの人がこれまでお金を払って得ていた情報を、たとえばツイッターやSNSでキャッチしている。

テレビを見たり、映画にお金を払うことが減って、YouTubeやニコニコ動画で番組や動画を楽しむ。こういった無料でのやりとりは、一見、経済にまったく寄与していないようにも見えますが、それは貨幣経済上の指数でしか計測していないからなんです。

無料で贈与します、無料で提供します、無料でお手伝いします――そう言える人は、いままで以上に尊敬を集めるようになりました。最近、バイトでお金を稼ぐよりも、ボランティアにやりがいを見出している学生はとても多いですよね。

僕たちは評価経済上の高度成長期という、ものすごくおもしろい時代に生きているんだけれども、古い価値観では、それが「経済上の成長」として計上されていないのです。

さあ、あなたには「お金がない世界」の足音が聞こえるでしょうか？

未来格差

お金がない世界とは、「お金がゼロの世界」ではありません。「お金があって当たり前」「お金が必要にちがいない」という固定観念や常識が通用しなくなった世界です。お米の例でいえば、「お米をお金で買う」という人と、「お米はタダでもらう」という人の両方が共存している世界。

この世界では「お金持ち」は決して優位な人ではありません。

お金でお米を買う人は「お金しか手段をもたない、かわいそうな人」です。

タダでお米がもらえる人は「お金を払って買うこともできるけど、その必要性がない人」です。

優位なのは「有益なつながり」が多い人。すなわち「評価の高い人」です。

もちろん「お金も評価もある人」がいちばん強いに決まっています。でも「評価の高い人」はお金を集めやすかったり、そもそも、お金なしで生きていきやすかったりします。

逆に「お金はあるけど評価の低い人」は、いつまでも定価で「二番目のお米」を食べつづけることになるのです。

お金がいらない世界の到来を実感していて、徐々にその世界へと足を踏み入れている人もいれば、まったく理解できず、準備や心構えが何もできていない人がいます。

両者の差を、僕は「未来格差」と呼んでいます。

来るべき未来を知っているか、実感しているかどうかで格差ができてしまう。いまは小さくても、その格差はどんどん拡がります。ついには、貨幣経済上での格差以上に拡がることでしょう。

貨幣経済と評価経済の違いを知り、お金が唯一無二の正義であった時代の終焉《しゅうえん》を嗅《か》ぎ取って、それに対応しようとするかどうか。数年後、この点において大きな格差が現れるでしょう。だからいま、この変化を嗅ぎ取ったお金持ちたちは、現金を評価に換えようと必死になっています。

経済誌の記者たちは、「評価経済とは何か」と僕に聞きにやってくる。

お金儲けばかりに走り、社員をこき使う会社が「ブラック企業」と名指しで批判されるのも、貨幣経済での利益ばかり求めて、評価経済の利益を軽視しているから。

「未来格差」はすでに、こんなところにも現出しているのです。

第4章

「お手伝い」という働き方

「単職」から「多職」へ

どうしたら未来格差を乗り切れるのか？

ここでようやく、第2章の最後の提案に話はつながります。

これまでは「単職」の時代でした。単職時代、僕たちは一つの仕事に就き、一つの企業で働いていました。ところが、これからは「いくつもの」仕事をもつしかない「多職」の時代になります。ここにしかゴールはありません。

「多職、つまり副業をもつってことかな？」と考えるかもしれませんが、その程度では意味がありません。

メインの仕事を一つやりながら、ほかにも一つか二つ、軽い仕事をこなす。こっそりとバイトをしたり、ネットで小さな売り買いをしたり、アフィリエイトで稼いだり……。

これが「副業」のイメージだと思いますが、「多職」はレベルが違います。

何十個もの仕事を同時にこなしつづける。何十個もやっていれば、仮にそのうちの三分の一が壊滅しても、なんとかなります。仕事が減ることを見越して新しい仕事をつねに探し、受けられるかぎり受けつづける。

そうやって仕事の量も、収入も、評価も、動的安定をめざすのです。

動的に安定しているこの状態を「多職」と呼びます。

これを「友だち」にたとえてみると、よくわかります。友だちが、親友たった一人しかいない場合、どんなにその親友が好きでも、いいヤツでも、仲がよくても、一度ケンカしただけですべてがパーになってしまいます。友だちが転校してしまっても、病気で長期入院してしまっても同じです。

その瞬間、世界じゅうに友だちが一人もいないことになりますよね。

中学校とか高校で、友だちが一人しかいない女の子っているじゃないですか。そういう子は、その唯一の友だちと絶対にケンカはできません。

だから、相手に気をつかうしかなく、言いたいことがなかなか言えず、心の中では親友と思えない。そういった話をよく聞きます。

単職も同じです。その仕事が危なくなっても、一つしかないその仕事にしがみつくしか考えられなくなるんですね。その結果、被害がどんどん拡大する。

勤めている会社がダメになりつつあるとき、「そろそろ、ほかの会社や仕事に移ったほうがいいんじゃないかな」と早いうちに手を打てれば、本人の被害はかなりマシなはずです。けれども、その会社、その仕事しかないと思い込んで、ほかの仕事を見つけようという発想すらなかったら、ズブズブとその会社ごと沈んでいくことになってしまいます。沈んでから身の振り方を考えようとしても、もう何も手が打てなくなっています。

いやいや。たとえベンチャーだって、どこかの会社は残るでしょうよ。そういったところをちゃんと探し当てれば、再就職の目はあるはずだよ。

あるいは手に職さえつければ、派遣でやっていけるんじゃないの？

——そう考えている人も多いと思います。派遣制度をうまく整備すれば、とか議論したりする人もいます。

残念ながら、そうはいかないはずです。

これだけすごい勢いで、企業がつぶれたり生まれたりをくりかえしていると、そこに巻き込まれるエネルギーロスだけでたいへん。そこでたいていの人は、どうにか自分だけでも、あるいは、自分の子供だけは「単職者」として生き残れる会社に就職しなければ、と考えます。でも、こうした発想をしているかぎり、新撰組と同じ末路になるだろうと僕は考えています。

「お手伝い」のサーフィン

これからの生き残り策は、崩れつつある単職になんとか自分だけ潜り込むことではなく、多職へとシフトすることにあります。

たった一つの仕事から、少なくとも一〇の仕事をもつ。

僕は、できれば五〇種類と考えています。五〇種類くらい仕事をしていれば大丈夫。

そう言われても、五〇種類もどうやって仕事をするの？

第一、五〇種類も同時にできるような仕事って、はたして「職」と呼べるようなものなの？

みなさんの頭の中にはクエスチョンマークが浮かんでいることでしょう。

たしかに、その多くは「職」とは呼べないようなものじゃないかな、と思います。お金になるときもあれば、ならないときもある。

赤字か黒字かという経営の話だけではありません。そもそも対価としてお金をもらうこともなく、御礼に何かちょっとした品をもらうだけ、奢ってもらって終わり、なんてこともあるでしょう。

こういうようなものを僕は「お手伝い」と呼んでいます。

お手伝いをいっぱいする。次々とする。お手伝い（＝仕事）のサーフィンです。

仕事サーフィンこそが「多職」の正体なのです。

単職に就くことが「就職」なら、多職に就くことが「仕事サーフィン」です。

単職に就く人が「正社員」なら、多職に就く人が「仕事サーファー」です。

「就職できないの？」

「収入がいつも不安定なの？」

「やりがいのある仕事に就くどころか、だれかのお手伝いしかできないの？」

「えー、どうしたらいいの!?　将来がぜんぜん見えないよ！」

そう考えるのは、まだ「単職」がよいものという前提で考えているからです。

でも大丈夫です。

これからは新しい仕事、昨日まで聞いたこともないような仕事が、次から次へと生まれてきちゃうのですから。

でも、そのうちの一つにだけかかわろうとすると、その仕事があっという間に沈んでいって、うわーっと自分もひっくりかえっちゃうかもしれない。だから、次から次へとやってくる仕事の波に、どんどん乗るしかないんですね。

まさに仕事サーフィン。

みんな、仕事サーファーになるしかないんです。

幸いにして、ＩＴの波はまだまだ押し寄せてきます。これからも、あらゆるものが情報化されるでしょう。

しかも僕たちは、「全員が同じ日本語を使い、教育水準がとても高く、国家のモラルが高い」という、すごい資産をもった国民です。高いレベルの安全性。言語をはじめ統一された民族文化。統一された良識。宗教的な分断もほとんどない。常識や嫌悪感といった価値観も、ほとんどの人で一致しています。

こんなに統一性のとれた、仕事をしやすい民族は、世界にほとんどないですよ。九州の人が北海道の人と仕事をするときに、なんのためらいも必要ない。その点で他所《よそ》の国よりずっと安全なんです。

その恵まれた環境のなかで、次から次へとお手伝いのニーズが生まれてくるんです。

人を雇うのはいろいろな制限が多くて怖いですが、かといって人手はどこでも欲しがっています。仕事が丁寧《ていねい》で、学ぶことと覚えることを厭《いと》わないお手伝いの人を、だれもがノドから手が出るほど欲しがっているはずです。

五〇個の仕事の内訳は？

「五〇個の仕事を同時にする」

それって、実際にはどんな働き方なのでしょうか？

べつに絶対に五〇個やらなければいけないわけじゃないですよ。一〇から五〇くらいが僕のおすすめだというだけです。

それでも極端な例として、五〇個で具体的に考えてみましょう。

五〇個のうち、どの仕事が儲けになるのかわかりません。波ですからね。運しだい。しかも、状況は時々刻々と、大きく変わる。いきなり予想外の開発中止や方向転換が発表されるかもしれない。いまの世の中、新しいコンテンツは次々と生まれ、それにともなって「オワコン」（終わってしまったコンテンツ）も出てきます。

つまり、たとえいまは儲かっていても、数カ月後にはぜんぜんダメになっていることだってありえます。いまはお金にならなくても、一年後にはものすごく儲かる仕事になっているかもしれません。

こうなると、おもしろいと思ったら、その瞬間、即座にその仕事を受けなければなりません。こうして次から次へと、さまざまな仕事に手を出していく。

結果として、月三万円の仕事、月一万円以下の仕事、ゼロ円の仕事、マイナスの仕事……といったように、同時進行になっていくはずです。

それら一つひとつの仕事に、とてつもなく時間をかけるわけじゃないんです。

言ってみれば、モテているときと同じです。だれか一人とずっと同棲しているのは、モテるとは言いませんよね。モテている状態では、何人もの相手をかけもちしなければならないわけですから、一回のデートの時間は短くならざるをえないはず。それと同じこと。

五〇個の仕事といっても、一つの仕事は、せいぜい一時間とか二時間、月に一回か二回ある程度のお手伝いである場合が多い。それで得られるお金が月三万円のものが一〇種類。月一万円以下にしかならないものが一〇種類。「結局、電車賃ぐらいしか出なかったな」と、まったく儲からないのが二〇種類。それどころか「もちだしちゃったよ」とマイナスになったのが一〇種類。

マイナスの仕事というのは、たとえば「売れない芸人」みたいなものと考えればいいでしょう。人前で漫才を見せるために会場までの電車賃を一二〇〇円かけて、もらったギャラは五〇〇円。吉本興業の芸人さんがよくぼやいていますよね。

じゃあ彼らの職業は、芸人じゃないのか。コンビニでバイトして、それで食いつないでいるなら、コンビニ店員なのか。絶対、彼らはそう言いません。胸を張って「芸人だ！」と言います。コンビニでバイトしていようが関係ない。俺は芸人だ。そのアイデンティティが彼らを幸せにしているんです。

五〇個の仕事をする時代では、アイデンティティをどれにするかは、あなたしだいなのです。

どれだけ収入を得ているかで人の本職を測ってはいけない。そんなことをしたら、気持ちが単職時代に戻ってしまって、不幸になりやすくなります。

何をしている自分がいまいちばん幸せなのか、やりがいがあるのか、プライドをもてるのか、夢を語れるのか――「私は〇〇をやっています」と名乗るのは、こうした基準で決めていいのです。

百姓＝「百の職業をもつ人」

いろいろとやっている自分、いろいろとできる自分、いろいろな人から必要とされている自分――こんな自分が好きだと思えるなら、一つに絞って名乗らずに、「私は、私自身です。いろいろやってます」と言ってもいい。

そういった人たちを、江戸時代では「百姓」と呼んだそうです。

僕たちは、ついつい誤解しちゃうんですけども、百姓って農民のことじゃないんです。「百の職業をもつ人」という意味です。

土地があるから農作物をつくる。でも、それだけじゃありません。冬になったら藁《わら》を編んで草鞋《わらじ》もつくる。どこかに行って行商もやる。他所の家に手伝いに行って、それで賃金をもらったりもする。そういった多様な働き方、多様な収入の得方をする人を百姓と呼んでいたのです。

それに対して「単職」が武士だったんですね。

第1章で説明したように、もともと日本という国は「武士階級」という単一の就職先を求め、それがうまくいったのが戦国時代でした。バブルのように景気がよく、どの藩も求人に必死だった時代です。

それでも武士にはならず、いろんな生き方、いろんなお金の得方、いろんな手伝いの仕方、いろんな働きの仕方をやっているほうが、結果的に生き残りやすいと判断した百姓たちも大勢いました。単職の武士と多職の百姓、日本は二つの階層が住む国だったのです。

経済が発達するにつれて、この百姓のなかから商売を専門にする「商人」と、手に職をもって、ひたすら高度な技術を追求する「職人」が生まれます。商人も職人も、この百姓のなかの一部の人が専門職として分化しただけなのです。

これが、僕たちの国のもともとのあり方でした。

だから現在は、もう一度この「百姓」に戻るだけだと僕は思っています。

「百」という数は、実際の数ではなく、たとえですから誤解なきよう。白髪三千丈《はくはつさんぜんじょう》みたいなものですね。

偉い人が「あいつらの仕事って、特定できないよ。俺たちと違って、いろんな仕事をコマゴマやってるんだもん。何種類やってるかわかんないよ。しょうがない。名前は百姓にしよう」といった具合に呼びはじめたのが語源ですから。

現実的には、一〇種類から五〇種類くらいじゃないのかなと思います。

三万円くらいの仕事が一〇個、月一万円以下の仕事が一〇個、まったくお金にならない仕事と、じつはもちだしのほうが多い仕事、合計で五〇個ですね。

三万円が一〇種類で月一万円が一〇種類だったら、月収四〇万円ってこと!?

そううまくはいきません。ちゃんとマイナスの仕事もあります。タダ働きもありますし、これらの仕事すべてで毎月毎月ギャラがもらえるわけではない、いえ、そもそも仕事自体があるわけではない。さっきも言ったように波ですから、大きいときもあれば小さいときもあるのです。その月が儲かるか苦しいかは、運しだい。つまり、波しだいなのです。

ただし、どんな波が来ても、これだけ多くの仕事をこなしていれば、絶対にその人はやっていけます。たくさんの仕事をマネージメントしているのですから。

苦しくなれば、実入りのいい仕事を増やす。余裕があれば、経験や技術が身につく仕事を増やす。つらい仕事が続いたら、もともと好きで自信がつく仕事を増やす。評判が悪くなれば、人が喜んでくれる仕事を増やす。

そうやって、自分という小さな会社をマネージメントしていけば、食えなくなることも、うつになることもなさそうです。

多職時代の子育て

わかりやすいように、多職時代の生き方を育児という視点でまとめてみましょう。

時代が変化するときに、いちばん困るのは子育てです。成長した子供たちが生きるのは、現在とは違う社会。自分が与えられた環境や方法と同じ子育てでいいはずはないのです。

わが子が成長したときの社会で幸せになれるだけの力を培《つちか》う「新しい子育て」が必要なはずなのです。

それは、いまやどの親も実感していることなので、迷いや悩みはより大きくなります。当たり前ですが、基本的に僕たちは、自分の子供を幸せにしたいわけですから。できることならば、わが子がやりたいことをやらせてあげたい、やりたいようにやらせてあげたい、才能を伸ばしてあげたいと、たいていの親は思っています。

ですから、これまでは次のような三つのステップをたどってきました。

①最初は、できるだけ広くいろんな可能性を試させてあげたい。

②次に、そのなかから、ほんとうにやりたいものを「一個」見つけさせてあげたい。
③最後に、何でもいいので安心させてほしい。

なぜ最後に「安心させてほしい」になるのかというと、広範囲にいろんなことを試したあとにたった一個に絞るのには、とてつもない意思決定コストがかかることがわかったからです。

僕たちはいま、選択肢が多いことを幸せだと考えます。だから、子供たちをいい大学に行かせようとします。なぜいい大学に行かせようとするのか。「何がやりたいのかよくわからない」という子供たちの可能性を広げてあげるため……それが親の役割だと思っているからです。

その結果、子供たちの意思決定コストは負債のようにはね上がり、何がしたいのかいつまでも決められなくなります。親の愛情に応えたいとか、自分が何でもできるようになりたいとか、安定して幸せな人生を送りたいとか、選択肢があって考えていくほどに、どんどん意思決定コストは上がります。

無限のお金をもっていれば、何を買おうかと考えるだけで一日が終わってしまうんです。

貧乏なころは「これが欲しい」と思って、それが買えたら幸せだったのに、自由に使えるお金が増えるにつれて、どれを買おうか、できれば安く買いたい、でも、どのように買ったらまわりに恥ずかしくないか……と考える自由も増えますからね。

仕事についても同じです。

世の中にどんな仕事があるのかを知って、新しい仕事がどんどん生まれてきて、その仕事が細分化されて、どこに行けば自分の才能が発揮できるのか、自分に合っているのか……と考えているうちに、どこに行ったらいいのかわからなくなってしまう。

そのうちに求人する側も、「いや、大学を卒業したての人しかいらないよ」などと言い出して、行き先が絞られていき、乗り遅れてしまった人は就職しにくくなります。

こうして三つのステップを実践してきた結果、僕たちは奇妙なループにはまりつつあるのです。

これからの多職時代、③まで追いつめられないために子供をどう育てればいいのか？

よい百姓、幸せな百姓として生きていく力をつけるには、どんな子育てがいいのか？

それには、お手伝いがすぐにできる子供に育てることが大事だと思っています。

そう、「五〇種類のお手伝い」です。

お手伝いができる子供とは、自分から進んでお手伝いができる子供、放っておいても自分でお手伝いを見つけられる子供、という意味です。一から説明しなくても何をしてほしいのかがわかる、というよりは、親の生き方や行動をよく見ていて、必要なときにすぐ上手に手を貸してくれる子供です。

実際問題としては、手を貸してくれても煩わしいんですよ。最初は、ひっかきまわされるだけの気がしてしまう。でも煩わしいからといって、やめさせてはいけない。手を出すのを禁止して、自分でやってしまってはいけない。

新入社員を入れても、結局、教えるのが面倒くさいからと自分でやってしまうのと同じ原理ですね。その結果、いつまでも自分ばかりが忙しくて過労状態になってしまう。いまのサラリーマンに多いパターンです。新入社員にいろいろと教えるのは面倒くさいに決まっているのですが、教えないといつまでも仕事ができるようになんてなりません。

子供だって、どんどんお手伝いをさせるしかないのです。

そうすれば、子供は「自分ができるお手伝いをどんどん見つけてこなす」ことができるようになります。

仕事を人にまわす能力

でも、それだけじゃまだダメです。

じつは世の中には、自分にできる仕事もあれば、できない仕事もあります。身体が弱い子は、いくら力仕事を見つけても、自分でこなすことはできません。無愛想な子は、客商売には向きません。

ただ少なくとも能力があれば、そういった仕事の存在を見つけることはできるはずです。

そこでどうすればいいのか。ここで二番目の条件です。

お手伝いを人にまわす。

これがすごく大事なのです。

どんな仕事があるのか、どんなお手伝いが存在するのか、見極めるのが一番目の能力。二番目は、それをすかさず人にまわす能力です。

いろいろとお手伝いを見つけてはこなす。

信頼を得て、ほかのお手伝いを頼まれる。

できないものは、ほかの人にまわす。

ほかの人からできないことがまわってきて、引き受ける。

できることはこなし、できないことはまた、ほかの人にまわす……。

こうやって、あらゆるお手伝いが、その人を中心に行き来するようになるのです。

五〇もの仕事すべてを自分で見つけるのは不可能です。だからこそ、たくさんのお手伝いが、その人をハブとして流通する状態が望ましいのです。

自然といつの間にか、そうしたハブの役割を担える人になれることこそ、これからの子育てのめざすべき方向だと僕は思います。

これまで、経済の循環とはお金の循環でした。どこかからお金をもらって、それを人に渡す。お金は経済の血液と言われていたのです。お金が流れないと経済は立ち行かない、という発想ですね。だから、みんなが貯蓄してお金を使わない、お金持ちの高齢者層が預貯金をためこんでいる、こうしてお金が流れないことが日本の経済をダメにしていると言われつづけてきたのです。

これからは違います。

お手伝いや仕事をさせないことこそが最大の罪悪。

僕たちの世界では、これから先、貨幣経済は右肩下がりになります。これはどうしようもない事実です。

そんな状態のなか、楽しく生き抜くためにはどうすればいいのか？

お金の代わりに、お手伝いが潤滑にまわるようにすればいいんです。

そのために、いくつものお手伝いを見つけてきては、それを自分でためこまずに即座に人にまわす。お金になろうがなるまいが、マイナスであろうが、かまわない。そんな発想に立って、お手伝いをどんどんまわせる人が生き残りやすく、幸せになりやすいと考えます。

①まずは、いろんなお手伝いをさせる。

②そのうち、お手伝いをほかの人にまわせるようにする。

新しい時代の子育ては、この二つのステップを踏むべきでしょう。

貧乏を肯定するしかない

大人になっても、同じです。

お手伝いのような小さな仕事を生み出したり、見つけてきたり、流通させたり、管理できたりする力。お手伝いマネージメント力とでも言うんですかね。これを身につけた人間が、これからは幸せに生きられると思います。

それって基本的に、貧乏な社会じゃないの？

まあそうなんですけどね。それでかまわないと思うんですよ。

経済が右肩下がりであるという事実は、もうどうしようもない。そういった時代なのですから。どうにかするには国家単位で、あるいは国家どうしで調整するしか方法がないんですね。

そのなかで僕たちが、たった五パーセントとか一パーセントしかいないような勝ち組に無理やり入ろうとすること自体に限界がある。そんな狭い場所に無理やり自分をこじ入れようとしても、ストレスがたまるばかり。結局また、人一倍、カネを使うしかなくなっちゃいます。

エルメスのオーストリッチだろうが何だろうが、バッグ一つに二〇〇万円とか三〇〇万円とか四〇〇万円とかを使ったりするよりは、もうちょっとマシな、効率のいいストレス解消法があるんじゃないのかな。

たしかにこれは、貧乏な社会です。

でも、それでかまわないと思う。経済が右肩下がりになるなら、僕たちは、これまで恐れていた貧乏を肯定するしかないんです。

貧乏を肯定するのは、じつはそんなに悪いことじゃありません。

前にも話したとおり、大正時代から昭和初期の話を聞くと、お金を稼いでくるのはお父さま一人。その下に一五人とか二〇人がぶら下がっているんですね。子供が三人ぐらいいて、奥さまがいて、おじいさま、おばあさまがいて、使用人がいて、運転手がいて、書生っていうわけのわからんヤツがいて、どこかのおじさんとかが家に転がり込んできたりするわけです。

一人が稼いでいたら一五人が食えた時代。それが昭和の初期でした。

そこから時代が下るにつれて、一人が稼いで何人が食べていけるのか、その数字が徐々に減っていきます。

『サザエさん』では、波平さんとマスオさんの二人が働いて、その二人を含めた七人が食べているわけですね。一人の稼ぎだけで一五人も食べていたものが、二人で七人が食べていく時代になりました。

『クレヨンしんちゃん』の家庭では、お父さんのひろし一人が働いて、お母さんのみさえと、しんのすけの三人家族がようやく食べられる（娘が一人生まれたけど）。そんな時代になっています。

一人の働き手で食べていける人間の数がどんどん減っているんですね、日本という国は。

日本人は貧乏から脱出して豊かになった、ふたたび貧乏生活に戻るのはイヤだと僕たちはふつう思っています。全員が稼ぐことによって豊かになっているという幻想が、僕たちのあいだにはあるんですね。

でもじつは、この国は、一人の稼ぎで食わせられる人間の数をずっと減らしてきただけなんです。

では、いまはどうでしょうか。

冒頭で話したとおり、いま大学生は男も女もだれもが就職で悩んでいる。一人が自分を食べさせるだけで精いっぱいの時代に、いよいよなってしまったのです。

自分一人を食べさせているのなら、その人たちどうしが結婚したらラクに食べていけるだろう、だって収入が二人ぶんになるのだから……とはならない。結婚したら収入が減ってしまう、だから結婚なんてできないと彼らは言います。

そう、この日本は、一人が一人を食べさせていけない時代になりつつあるのです。

どうしてこうなるのか……。

幸福に対するコストがかかりすぎるからです。

むかしは豊かな時代だった、いまは貧乏だ——そう言うつもりはありません。だって、それはウソですから。どう考えても、むかしよりいまのほうが豊かです。でもそれは、幸福にいっぱいコストをかけているから。

これから経済がもっともっと下がっていくのなら、僕たちは、自分が幸福だと感じられるために必要なコストを減らすしかないですよね。

つまり、これまで恐れていた貧乏を肯定するしかないんです。

仕事でストレスを感じなくなる

具体的には、喫茶店に行くのはいいけれど、毎日行こうなんてヘンな贅沢はもう考えないほうがいいんじゃないの？　ということですね。

僕たちはなぜ喫茶店に行くのか、僕たちはなぜパチンコに行くのか、僕たちはなぜ酒を飲みに行くのか……。それは、やりたくない仕事を我慢しているからだ、つきあいたくない人間とつきあっているからだ。これが僕の結論です。

ストレスがあれば、それを発散しないと生きられない。人間は哀しい生き物なんですね。僕たちはそれを放蕩《ほうとう》、つまり無駄づかいというかたちで発散します。

そんなストレスなら抱え込まなきゃいいのでしょうが、そこまで人間性を豊かにするとか、人格が円満になるなんて無理です。二千年以上前から、お釈迦さまもイエス・キリストも、「それは無理無理！」と言っています。

自分という人間の完成度を上げて幸せになろうなんて、考えてはいけません。それは宗教の役割で、僕たちが考えることではないのです。

そうじゃなくて、仕事だか仕事じゃないんだかわかんないことを、とにかくいっぱいやりつづける。報酬ゼロでも、もちだしになる仕事でも、どんどんやる。こういった仕事は過半数が人助けです。お手伝いなんですよ。

つまり、稼ぐ仕事をしながら人助けもする。そのぶん、無意味なストレスは徐々に減っていくはずです。

こういった活動をしていると、お茶を奢ってもらえるかもしれない。わざわざ喫茶店に行かなくても、そいつの家にあがりこんで、お茶を飲めるかもしれない。ストレス解消法は徐々に、こんなささやかな幸せに変わっていくと思います。

そのためにも、自分はもちろん、子供たちにもお手伝いをいっぱいさせる……。「させる」というのはヘンですね。命令形ですから。そうじゃない。子供たちがお手伝いをしたいと思う瞬間が必ずあります。親の手伝いをしようとした瞬間が。そのチャンスを取り上げないで、快くさせてあげるようにします。「させてあげる」ですね。仕事を「あげる」んです。

そして、その子が仕事を独占せずに、ほかの子供たちにもまわせるような状態にもっていく。

これからは、お手伝いとか仕事は自分で見つけ、それを分解して、「じゃ、おまえは五歳だからこれができる」「おまえは十二歳だからこれができる」というようなリーダーシップを発揮できるようになりましょう。三歳だったら三歳の仕事、十二歳だったら十二歳の仕事、二十歳だったら二十歳の仕事、三十五歳だったら三十五歳の仕事……それを見つけて自分ができるものはパッとやり、まわすべきは人にまわすのです。

余計なプライドがいらなくなる

それと、一つひとつの仕事にいちいちプライドをもちこまない。「オレ、もう四十歳なんだから、こんなことやってらんないよ」とか、「なんで、あの企業で部長まで行ったオレが、こんなことを言われなきゃいけないんだ」といった考え方だと、不幸になります。

たった一つの仕事にプライドをもとうとしない。五〇もあるんですから。

せっかく会社を辞めたのに、再就職してまた別の「一つの仕事」に就いてしまう。そんなことをするから、意味もなくプライドが傷ついてしまうことが多いんですね。

よく聞く話ですが、お年寄りの方が仕事を辞めたあと、公園とか駅とかでトイレの掃除をしています。そういった光景を見ると、僕たちはすごくつらくなったりします。自分もいずれそういうふうになるんじゃないだろうか、たとえ年をとっても、あんなことをするのはイヤだな、と思う。

でも、ああいった仕事をやっていて、それを続けられる人って、公園や駅のトイレ掃除以外に、自分の居場所がいっぱいある人なんですね。

たとえばゴルフクラブに行ったら、その人はどこかの組織の会長だったり副会長だったりする。町内の将棋クラブに行ったら、強くて新人を指導する立場だったりする。そういう人は、別の仕事に行って、たとえ若い人に怒られても、自分というものが保てる。

プライドの拠《よ》り所が一つじゃないのだから。

自分のありよう、アイデンティティを複数もっているのだから。

要するに、単職じゃないからですね。

こんな心境にいたると、人間っていうのは楽しく生きていけるんです。

これまでの仕事はまず、どれくらいお金がもらえるか、どれくらい時間が拘束されるかを基準に選んでいました。就職はもちろんのこと、バイトであっても、時給や勤務先がもっとも優先される条件。

すべての仕事は「やらなきゃいけないこと」で、「ラクにやれること」と「がんばったらやれること」に分かれています。

これからは違います。

この仕事は三万円だから大事、この仕事はマイナスだからダメ、こんなふうには考えなくなります。

多職時代のこれからは、すべての仕事が「だれかのためにやってあげていること」になります。お手伝いを探してくるわけですから、そのなかで、「自分のやりたいこと」と「とくにやりたいわけじゃないけど、だれかを助けてあげたいこと」のどちらか、ということになります。

昭和から平成のはじめくらいまでは「学歴が必要」でした。

平成の途中くらいから「キャリアをもたなければ」ということになりました。

いま転職や独立を考えている人は、どういうふうにしてキャリアをもっているように見せかけるかとか、どんな資格を取るかとか、そんなことにばかり頭を使っています。

でも、肝心なのはコミュニティを育てられるかどうか、ですね。

自分が所属する人間関係です。

お手伝いを流通させることができるコミュニティです。

コミュニティは学歴や資格みたいに一回つくったら終わりというものではなく、キャリアみたいにごまかせばなんとかなるものでもなくて、保ったり育てたりをずっと続けていかなくてはならない、農作業に近いものなんですね。

工業製品モデルではなく、農業モデルを土台にしてコミュニティを育てていく。

こういった発想の転換も、平成も半ばに入り、二十一世紀の百姓の生き方として「アリ」ではないでしょうか。

第5章

最後は「いい人」が生き残る

「五〇個のお手伝い」完成形

うちの社員、ＦＲＥＥｅｘのメンバーにトモカズというヤツがいます。彼は「シンセサイザー業界」で働いていました。シンセサイザーのプログラミングをやっていたんですよ。ＹＭＯに代表されるニューウェーブ＝テクノポップ系の音楽が一世を風靡《ふうび》した時代に、その業界に飛び込んだそうです。

そのころは、シンセで音楽のプログラミングができるというのは特殊な技能でした。だから、収入もちゃんとあった。

ところがその後、シンセは高機能になるのに反して価格がしだいに安くなっていきます。それまで数千万円もしたシンセが数十万円になって、しまいには数万円ほどになってしまいました。それにともない、シンセをプログラミングする技能もコモディティ化していったのです。

それでも、トモカズ君が勤めていた会社はシンセサイザー系の音楽を手広く手がけていたので、いちおうは仕事を取ってくるわけです。

トモカズ君の仕事はシンセのプログラミング……のはずなのですが、その関連の仕事、たとえばシンセをセッティングする仕事、シンセをコンサート会場へ運ぶ仕事などもこなすようになりました。そのうちシンセだけでなく、あらゆる楽器を運ぶ仕事、現場で配線をする仕事、レコーディング作業をするときに音響設備をハンダづけする仕事なんかも請け負うようになります。ついには、そのハンダづけをするためのコードをちょうどいい長さに切る仕事までやったそうです。

もちろんトモカズ君は、趣味性の高い世界に飛び込んだことからもわかるように、ほんとうはシンセの仕事がやりたかったんです。尊敬する先輩がいて、その人に追いつきたい、オレもあの仕事ができるようになりたいと思ってその業界に入ったのに、あっという間に業界が不景気になってしまったわけですね。

でも、おもしろいもので、不景気になると、それまでだったら「何年先にやらせてもらえるんだろうか」と思っていたシンセの仕事がガンガン降ってくるようになった。同時に、本来は自分ですることではない楽器運びやら配線の仕事までさせられるようになりました。

つまり人手が足りなくなって、それまで一〇人くらいで担っていた仕事をたった二人でこなすしかないから、「トモカズ、これもやれ、あれもやってくれ」と、ありとあらゆる仕事をふられるようになったのです。

上から下まで自分がやらざるをえないトモカズ君は、この業界では十年は下積みだと覚悟していたのに、二年程度ですべての仕事を経験して、ひととおりこなせるようになってしまったそうです。

トモカズ君はひどい無力感に襲われてしまいます。やりがいがあって、一生を賭けられる仕事だと思っていたのに、二年で全部わかってしまったわけですからね。

ということは、自分がやっている仕事は「マックジョブ」……だれでもできる仕事じゃないか——そう思ってしまったんですね（マックジョブ＝マクドナルドの仕事という意味のスラング。アメリカの言葉）。

「なぁんだ、オレが一生を賭けるつもりだった仕事は、じつは経験さえあれば、だれでもできる仕事だったんだ」

トモカズ君は結局、その会社を辞めてしまいました。

それからしばらくは、自分がもっていた音響機材をネットオークションに少しずつ売って食いつないでいくことにしました。出品しているうちに、いい出物を発見します。それを買って、また売る。いわゆる転売ヤーですね。

シンセの知識があるものだから、これで案外、小銭が稼げてしまうのです。

「オレ、何やってるんだろう……」

虚しさを感じるようになっていたトモカズ君に、尊敬する先輩からときどき仕事が舞い込むようになります。もう会社を辞めたので、以前のように何でも引き受ける必要はありません。トモカズ君は尊敬する先輩が指名してくれる仕事を、厳選して受けるようになりました。

そうこうしているうちに、今度は、農業をやっている自分のおじいちゃん、おばあちゃんが、もう歳だからしんどいと言っているのを知りました。そこで、おじいちゃん、おばあちゃんを助けようと思い立ったのです。

シンセ業界にいて頭の回転も速いものだから、おじいちゃん、おばあちゃんのやっている農作業が彼には非効率に見えてしょうがない。こうやったらもっと効率がいいのに、もっと儲かるのにと、チャンスがいくらでも見つかります。だからこそ助けようと思ったわけですね。

でも、おじいちゃん、おばあちゃんはその提案を、ぜんぜん喜んでくれない。

喜ばないおじいちゃん、おばあちゃんを見ながら、トモカズ君は気づいたんです。違うって。

「ちょっと待てよ。じいちゃんばあちゃんは、これ以上お金が欲しいんじゃない。ラクになりたいんだ。オレが手伝うのは、じいちゃんばあちゃんをラクにするためだ。オレは、トウモロコシの刈り入れがしんどいって言ってるじいちゃんばあちゃんを、もっと働かせてはいけない。ラクにしてあげないとダメなんだ。じいちゃんばあちゃんのやっている方法は、オレから見たら、まわり道で損に見えるけれど、何か理由があってそうしているはずだ。効率がいいからといってオレのやり方を押しつけていいわけじゃない」

頭のスイッチがカチッと切り替わった瞬間です。

トモカズ君は儲けることではなく、おじいちゃん、おばあちゃんをラクにすることだけを考えるようにしました。

すると、おじいちゃん、おばあちゃんにとても喜ばれて、ありがとうと言われるようになった。そのうち自分でも、トウモロコシの刈り入れが楽しいと思えるようになってきたそうなのです。

おもしろいですよね。いままでトウモロコシの収穫なんてぜんぜん興味がなかったのに、おじいちゃん、おばあちゃんを助けていると楽しくなってきた。

そんなことをやっているうちに、音楽業界はますます不景気になってきました。トモカズ君も、尊敬できる先輩からのシンセ仕事だけを引き受けるなんて甘いことを言っていられなくなります。

トモカズ君はいま、来る仕事はすべて受けているそうです。相変わらずネットオークションで転売活動もしているし、おじいちゃん、おばあちゃんの手伝いもしている……。

そんなトモカズ君が「社長（僕のこと）、オレ、これでええんですかね？」と聞いてきます。

いや、それが完成形やねん。

ありがとう、おまえが完成形や！

三つのC

人間の値打ちは、三つのCで決まる――これが最近の僕の考え。

「コンテンツ」と「コミュニティ」と「キャラクター」の三つです。

トモカズ君はシンセ業界に入って、そこでいろんなスキルを習得しました。スキルというのは、言い換えれば、その人間のコンテンツです。

最初はコンテンツからしか始められない。だから最初のCはコンテンツ。これを「キャリア」と呼ぶ人もいます。

たとえば、アメリカでチェーン店を展開しているとか、十年間の弁護士経験があるとか、医師免許をもっているとか、TOEFLが何点だとかもそう。要するに、どんな仕事をしてきたのか、どんな仕事ができるのか、どれくらいできるのか、どんな資格をもっているのか……そういったことの総和を指しています。

トモカズ君は業界に入って、わずか二年ほどでコンテンツをすべて極めました。自分自身がコンテンツをいっぱい身につけるしかない状況だったからです。その結果、彼は「この仕事ってつまらない」と感じてしまったのですが、その間に、じつはコンテンツだけでなく、コミュニティも得ていたのです。

二つ目のC、コミュニティです。

コミュニティは、トモカズ君に仕事を頼んでくる先輩たちのことです。トモカズ君にとっては尊敬できる人も尊敬できない人もいます。けれど業界に入るまでは、どの先輩が尊敬できて、どの先輩がほんとうに仕事ができて、どの先輩がじつは口ばっかりなのか、まったくわかりませんでした。

こうしたことを見抜いたうえでの仲間関係がコミュニティ。コンテンツを得るために業界に入ったトモカズ君は、いつの間にか、そのなかのコミュニティに所属していたのです。

そしていま、彼はキャラクターで生きています。この場合のキャラクターとは「人柄」と考えてください。彼は「いい人」と認識されたんです。

「トモカズやったら、どんな仕事もやってくれる」

「トモカズやったら、これを三日くらいでできるんちゃうか」

「トモカズはいまトウモロコシの収穫をしてるから、仕事はでけへんぞ」

「トモカズは最近、暇そうやから、これ頼めるんちゃうか」

「トモカズなら、こういうのが好きやから、損を覚悟でやってくれるぞ」

こんなふうに、コンテンツ（能力）を得るために所属したコミュニティのなかで、彼のキャラクター（人柄）が浸透して、しっかりと認識されるにいたったわけですね。

これでようやく、三つのCがより効率的に稼働しはじめました。

コンテンツ→コミュニティ→キャラクター

トモカズ君は、正しい順番で評価を手に入れていった。彼が「完成形」だと言ったのは、そういう意味なのです。

ポイントはキャラクター

もし彼が、当初考えていたように、就いた職のスキルだけで生きていこうとしたら、きっとものすごくたいへんだったはずです。彼がいったいどんな人間なのか、最初はだれにもわからない。当然、はじめて会う人間に仕事を頼みたい人なんかいません。仕事をもらえなければ、スキルだって上がりません。

でも、三つのCの最後、キャラクター、つまり人柄・人格が認知されるところまで行き着けば大丈夫なのです。

どう大丈夫なのか？

たとえば、「トモカズにはそんな仕事できへんのと違うか？」という事態になっても、「ええよ、オレが教えたるから！」となる。つまり、コンテンツ不足に陥っても、キャラクターを評価してくれているコミュニティのだれかが補完してくれるのです。

キャラクターが認知されれば、いろんな仕事がまわってくるだけではなく、人から知識や技術を教えてもらえる。結果、コンテンツが一歩二歩と着実にレベルアップして、コミュニティが拡がる。三つのCがグルグルとまわりながら、螺旋《らせん》を描いて昇っていくのです。

彼がやったことのなかで最大の勝因は何だったのでしょうか？

それは「たくさんのお手伝いをしたこと」です。

仕事ではありません。お手伝いです。

自分が儲けることではなく、相手を儲けさせることでもない。

相手が求めていることを理解して、喜ばせるためにお手伝いをしたこと。

「オレがやることは、じいちゃんばあちゃんをラクにすることだ！」

おじいちゃん、おばあちゃんのところに行って彼が認識したことこそ、お手伝いの本質でした。

言い換えると、それは「いい人になること」ともいえます。二人のもとを訪れて本人たちと話したことによって、彼のなかで「いい人スイッチ」が入ったんです。

＊

どうすればこの不安定な社会状況のなかでうまく生きていけるのか？

五〇個のお手伝いをこなす。

愛されニートになる。

仕事サーファーになる。

そのために必要なこと。根本はすべて同じ。

キャラクター。

つまり人柄を磨くのが、もっとも効率がよい最短距離の道筋です。

これを僕は「いい人戦略」と呼んでいます。

エグい言い方ですよね。「いい人」に「戦略」をつけてしまうんですから。でも、これくらい率直に考えたほうがわかりやすいと思います。

スキル重視vsいい人戦略

トモカズ君に話を戻しましょう。

彼は、最初はコンテンツを磨き、コミュニティを育てていって、そこから仕事を受けられるようになりました。その結果、たとえ彼自身にコンテンツが不足していても、コミュニティが補完してくれる――「それならオレがあいつに教えたるよ」と言ってもらえるキャラクターになりました。

「オレ、トモカズっていうヤツ、知らんから頼まれへんよ」

こうなるのは、コミュニティ不足ですよね。

「トモカズは、これができるから」とコンテンツを紹介される。

「あいつはいいヤツだから大丈夫」とその人柄で採用される。

三つのCがちゃんと立っているからこそ、彼の仕事はうまくまわりだすのです。

この社会で生き残るためには、という話題になると、自分の能力を開発するとか、資格を取得するとか、多くの人はついつい「コンテンツ」が決め手だと思い込んでしまいます。だから、「スキルを身につけろ」「論理的な思考力を身につけろ」「プレゼンテーション能力を身につけろ」と、そんな本が山のように書店に並ぶのです。

これが一段落した人は「それは違うよ」と言います。世の中っていうのは、要するにコネ・人脈だよ……つまり「コミュニティ」の部分に行き着くわけですね。だから、少々の無理をしてでも、何らかのコミュニティにできるだけ多く入らなくては、という気持ちになるのです。

おわかりのとおり、この二つだけではサイクルは動きません。効率が悪い。

最後のピースであり、これがあるからこそ歯車がいっせいに動き出す大切なもの。最初からこれがあったほうが便利なもの。それが「キャラクター」なのです。

「平凡だけどいい人だ」

これでOK。キャラクターとは、特殊なおもしろキャラというわけではありません。平凡な「いい人」の上に、ほんのちょっとしたトッピングが載っているみたいな感じで、「いい人なんだけど、ちょっとヘンなところもあって」くらいで十分なのです。

ほんの少しのスパイスならいいけれど、最初から激辛料理のようなキャラの強い人間をめざしたら、ロクなことがありません。たとえ仕事力が一〇〇あっても、キャラクターのところで二〇に減らされてしまいます。

コミュニティのなかでも、ヘンなヤツは扱いにくいと思われがちです。だから、いつも呼ばれるわけじゃない。

「それでいいさ、オレにはスキルがあるんだから。すごいコンテンツをもっているからね」

こう開きなおるのもアリです。

でも、そんなふうにコンテンツだけを伸ばして、コミュニティで生きにくくして、自分のキャラクターを狭くとらえられるのは、じつに効率が悪いと思いませんか？

それよりは、純粋に「いい人」として生きていくほうがずっとラクで、効率がいいはずです。

愛されニートのモデルケース

「いい人」といっても、いったいどんな人なのか、それでもまだ雲をつかむような話ですかね。もう少し具体的に考えてみましょうか。

「いい人」の究極形態、それが第2章で紹介した「愛されニート」だと思います。これからの時代、めざすべきはこれです。

僕たちは、これにもっと早く気がつくべきでした。いまからでも実践すべきです。

『ドラゴンボール』の孫悟空。

考えてみると、彼はニートですよね。

フリーザと戦うためにナメック星に行くにあたって、悟空は新しい宇宙船に乗っていきます。あいつ、宇宙船、買ってないんですよ。カプセルカンパニーの社長がタダでつくってくれるんです。

『ワンピース』のルフィもニートです。愛されニート。

『北斗の拳』のケンシロウもニートですね。愛されニート。

もちろん、大事なのはニートであることではありません。「愛され」の部分です。

「愛されキャラ」として、いい生き方だなぁと僕が心底思うのは、『ドラえもん』ののび太くんと『こち亀』の両さんです。

のび太くんには四次元ポケット、ついてないんですよね。「ドラえもーん」って甘えたら、ドラえもんが「仕方ないなぁ」って言いながら、ひみつ道具を何でも出してくれるんです。のび太くんは愛されキャラ。いまはまだ小学生ですが、将来、立派な愛されニートになれる気がします。

両さんも愛されキャラですよね。

両さんの場合、「中川ー!」って言ったら、中川がやっぱり「しょうがないですね、先輩」とか言いながら、いいものを出してくれる。

公務員ですけど、いつでも愛されニートになれそうな気がします。

ポイントは、コンテンツでもなければコミュニティでもない。キャラクターです。彼らのキャラクターは「いい人」。だから、みんなから愛されている。その結果、みんなが助けてくれる。

じつは、愛されキャラはその後、進化型として「頼られキャラ」になることが多いのです。

たとえば、両さん。

両さんは愛されキャラであると同時に、頼られキャラでもあります。いつも、いろんなところから相談をもちかけられます。このあたりがヒントだと思います。

愛されキャラをめざすために、いちばん簡単なのは「いい人」になること。「いい人」なら、仕事があまりできなくても、性格に少し問題があっても、空気が読めなくても、うまく世の中を渡っていけます。

見た目第一印象至上主義社会

これでもまだ「いい人」ってどんな人だかわからないですか？

ものすごく簡単な説明があります。

「いい人」はじつは、いい人じゃない。

これがポイントです。

『いつまでもデブと思うなよ』（新潮新書）という本を書いたときに、はっきりとわかったことがあります。僕はこの本で、現代は「見た目至上主義社会」だと書きました。より正確にいえば「見た目第一印象至上主義社会」です。

見た目というのは、パッと見のことです。ですから、「よく見たらカッコいい」とか「裸にしたらカッコいい」というのは、見た目第一印象至上主義社会ではカッコいいうちに入りません。

現代人のプライドは必要十分に高いので、他人を相手に抱いた「パッと見の第一印象」を変えたくないんですね。なかなか変えてはくれません。

つまり、出会った当初に悪い印象をもたれてしまうと、それを変えてもらうのはたいへんだということになります。

こういった社会で生きている僕たちは、対策として、清潔感のある、さっぱりとした格好をしましょうよと『いつデブ』に書きました。

「パッと見たときにカッコいい」をめざすのは難しいけど、せめて「パッと見たときにカッコ悪い」ことはすべてやめましょう。イケメンになりましょう、ではなくて、見た目が悪いところはなくしておきましょうという対策です。

性格も同じなのです。

性格も見た目至上主義なんですよ。つまり、パッと見たときの性格がよくないとダメなんです。

長くつきあっているうちに、相手の性格をよくよく知ってみたらいい人だった、というのは、見た目至上主義社会と相容れません。たとえ、真実はかぎりなく客観的に見て「いい人」だったとしても、第一印象で「いい人だな」と思ってもらえなかったら損をするんです。

損をしてもかまわない。オレはとっつきにくいだろうけど、味があって、じつは人情味あふれるヤツなんだ……。

気持ちはわかりますが、それではかなり効率が悪い。山の上に住みたい、みたいな話なんですよ。山の上に住んだら何もかもが不便。水だって井戸から汲《く》んでこなければならないし、コンビニは遠いし……。

だけど生きがいはある――はい、そのとおりです。

「とっつきにくいけど、じつはいいヤツだ」というのは、これと同じように、あらゆるハンディキャップを乗り越えて、それを引き受ける根性があるのなら否定はしません。けれども、その選択はかなり効率が悪くて損なのです。

『いつデブ』のなかで、「今まで『デブだけど、その見た目・印象を跳ね返すべく頑張ってきたあなたの努力』は、やせさえすれば数倍の評価になって帰ってくるのだ。が、デブのままでは、どんな実績をあげようと、『デブというキャラ』の中でしか解釈されない」と書きました。

パッと見の性格が悪いと、ものすごく損をします。先ほど話したコンテンツやコミュニティの価値が、自分が本来もっているものから大幅に値引きされてしまうのですから。けれども、見た目をよくするだけで、ずいぶんとラクに生きられるようになります。

本音は出すなってこと？

見た目がいい人でいたほうが絶対にいい。

ほんとうにいい人ではありません。

パッと見た感じがいい人。

つまり「いい人戦略」です。

こんな話をすると、「そんないい人のフリをして、本音はどうするんですか？　言えないんですか!?」といつも聞かれます。「みんな腹の底では、いろんなことを考えているんですよ！　本音はどこで言えばいいんですか!?」って。

これもダイエットと同じです。

「それじゃ、どこでケーキを食べればいいんですか？　人間、食いたいときは食いたいじゃないですか！」

そう言っているから太るんです。

「人間、どうしたって言いたいこと、あるやないですか。人間は言いたいことを言う生き物なんですよ！」

そんなふうに考えているから、性格もスタイルも悪くなるんです。

夜中にこっそり食べたら、身体は見逃してくれない。

夜中にこっそり2ちゃんねるに書いたら、性格は悪くなります。

カロリーコントロールと同じように、見た目の「性格コントロール」をするのが、いちばんラクで得な生き方だと僕は思います。

くりかえしますけど、みんな「いい人」として生きろとか、本音をいっさい口にするなとか、そんなことを言っているわけじゃないんです。2ちゃんねるに悪態を書きちらして、見た目の性格を悪くするのは、ダイエットをしている最中にケーキを食べるようなもの。だから、自覚したうえでやれよってことですね。それが自分の生活の主流になってしまったらダメ。

夜中にこっそり食べていれば体重が増える。ごまかしようがありません。

同じように、陰でこっそり人の悪口を言ったり、人に煙たがられることをしたり、人が嫌がるような商売をしたりすると、自分の印象に絶対に悪影響が出てきます。パッと見の印象が明らかに悪くなるのです。第一印象で性格が悪いと思われてしまう。

そうなったらすごく損だぞ、という話です。

一日五ほめ

というわけで……具体例です。

性格ダイエットに失敗している人は「関係弱者」。これまでは情報弱者が不利だと言われていたのですが、これからは「人と人との関係性」に関して弱い人間、関係弱者がたいへん不利になります。

パッと見のせいで「いい人」と思われていない人たち、「イヤな人」「カンジの悪い人」「意地悪そうな人」「冷たそうな人」と思われている人たちが関係弱者です。

そうした人に対する処方箋として、「一日五分、○○するだけでコネや人脈が増えます！」というツールを紹介します。

単純です。

「毎日五つ、人をほめる」

①ほめてツイート。

②リアルでほめて紹介する。

③ネットでほめて語る。

一つ目。ほめてツイート。

「いいなぁ」と思う発言があったら、「すごくいいことが書いてあるよ」とか「見て見て」っていうふうにツイッターでリツイートする。これが基本。

いいお店を見つけたり、友だちのいいところを発見したら、本人に向かって言うのではなく、それを世間一般に知らせるのです。LINEで友だちのあいだに広めるのでもいいんですけど、いちばん簡単で効果的なのはツイッターだと思います。

この人のことが好きとか、いいと思ったとか、このお店はおいしかったとか……そう、僕たちがツイッターでふだんやっていることですね。これをもっと意識的に実践するのです。いいなと思ったら即ツイート。忘れないうちにほめる。一日に五つです。

二つ目。リアルでほめて紹介する。

「この人をぜひ紹介したいんだけど……」とか「ちょっとこの本を読んでみたら……」といったように、リアルな場で人と会ったときに、新しいことを教えてあげたり、新しい人間を紹介したりします。そのときは、必ずほめながらです。

三つ目。ネットでほめて語る。

ブログやＦａｃｅｂｏｏｋなどに、だれかの書き込みや発言について感想を書いたり、コメントしたりするときは、すごくいいことを言ってくれてありがとうと、できるだけほめるようにします。

三つとも、ほめるのが大事。

けなしたり、批判したり、アドバイスしたり、提案したり、はダメ。

必ず、きちんとほめる。

このあたりが「関係強者」になるための最低限の方法。これだけやっていればいいわけではありませんが、「ほめ」が基本的な最小単位の方法だと覚えておいてください。

評価はその日のうちに流動させる

次に「宵越《よいご》しのほめはもたない」。

こんな感じでがんばっていると、そのうち、逆にほめられるようになります。「すごいね」とか「最近、活発になったね」とか「ポジティブだね」とか。

そのとき、「いやいや」と否定して終わったり、相手をほめかえしたりはしない。そんなときは、「いや、もっとすごい人がいるよ」と、必ず自分や相手以外の人をほめかえすようにするんですね。

そうです、「ほめ」を流動させるんです。

ほめられたり評価されることが増えてきたからといって、自分のところ一カ所にためていると、評価が下がったり、批判されたりすることが、すごい恐怖に思えてしまうのです。第2章で書いたお金持ちのおじいさん、おばあさんみたいなものですね。

僕自身の経験からもわかるのですが、評価や知名度が上がってくると、悪口を言われたり評価が下がったりするのが、とたんに怖くなってくるものなんです。

こうなるのも評価を流動させていないからです。まるで水みたいに、自分に与えられた評価をつねに流動させて、入ってきたものは必ず出すようにしていたら、決して腐ることはありません。気の毒なお金持ちのおじいさん、おばあさんみたいに自分のところにためこもうとするから、お金も人生も腐らせてしまうんですね。

そうではなくて「流動させる」。だれかにほめられたら、必ずその日のうちに、ほかの人をほめかえします。

「すごいね」って言われたら、「もっとすごい人がいるよ」とか、「ありがとう、あの人もすごかったんだけどね」といった感じで他人の話をして、その日ほめられたことは、その日のうちに消費してしまいましょう。

「ほめの経済学」において、「ほめ」は収入、「けなし」は借金。悪口でも評価を得られることはありますが、その評価はいずれ利息とともに返済しなければならなくなります。個人で借金はできるだけしないほうがいいのと同様、悪口という手段は使わないに越したことはありません。

お金も暇もスキルもないけど

「ほめ」は評価経済の最小単位——僕はそう考えます。

経済活動のなかで、まるでお金のように評価が流通する社会、それが評価経済社会です。

評価経済での最小単位は正確には「注目」です。

注目の次の単位が「評価」となります。

評価とは「ほめ」のことです。

ほめたり、ほめられたり、そういった「ほめ」を集めて上手に使い、だれかを手伝ったり、だれかを助けたり、だれかを教えたり、だれかを世話したりすること。これが僕たちの最終目標となります。

第2章でお金は何のために必要なのかという話を延々しましたが、ここでつながりました。助けたり世話をしたりするには、お金が必要です。手伝ったり教えたりするには、手間が必要です。特別なスキルが必要な場合もあります。だれかを助けるためには、自分の能力やスキル、つまりコンテンツが必要なんですね。

言い換えれば、お金も暇もスキルもない場合には、手伝えません。

その代わりに、ほめるんです。「ああ、やってくれてありがとう！」と言うんです。

そんなことを言うくらいなら手伝え、手伝えないなら黙っていろ。そう思われるかもしれません。でも、それは違います。

とりあえずほめる。助ける代わりにほめる。「助けられないけど応援しています」とコメントする。ブログに書く。何でもいいのです。だれかを教えてあげたいと思うけれど、どうしてもそれができないときには、せめてほめる。「すごくがんばってますね」と言ってあげる。

第2章のメンヘラの女の子の話でも同じです。自分は思うように世話ができないというなら、せめてそれを実践している人をほめるんです。

「ほめ」は最小単位です。ほめるのはたしかに口だけだと思うでしょうが、最初はそれでいいのです。ほめていれば、少しずつ行動するようになります。小さな行動が、やがて実績につながります。

一日たった五分でできる「いい人戦略」。それが、ネットとリアル、両方でほめることなのです。

一日五分これをやっていると、徐々に人との関係性が強くなってきて、前に話したコミュニティが充実していきます。「いい人戦略」をとっていると、自分のキャラクターが「いい人」へと上書きされていくんですね。

「いい人」というのは、最初はつまらないヤツに見えます。どこにでも平凡なヤツはいるのですが、そんな平凡な「いい人」の上に自分の性格がちょっとだけトッピングされて、魅力的な人へと変貌するんです。

土台はあくまでも「いい人」。

良質な素材だからこそ独特の味つけを施して、おいしいおかずになるんですね。えげつない素材なら何をどうやっても、おいしいものにはならないんですよ。

そう思い定めて「いい人戦略」を実践してみるのがいいと思います。

めざせ、勇者

「これからの評価経済社会では、多くの人は就職できない。仮に就職しても、いいことはあまりない。だったら就職するんじゃなくて、最初から五〇くらいの仕事をこなしたほうがいいよ」

これが「仕事サーフィン」ですね。

そして、「これからの評価経済社会では、お金を無理やり得ようとすると逆に損をするよ。いい人というイメージをつくって、アピールしていったほうがいいよ」。

これが「いい人戦略」。

「いい人」として「仕事サーフィン」を続けていく。

「いい人」だから、次々と仕事を頼まれて「仕事サーフィン」ができる。

「仕事サーフィン」をどんどんこなして、まわりからどんどん「いい人」と認められるから、もっと仕事が舞い込んでくる。

このスパイラルを極めた結果、どうなるのか。いったい何をゴールとしてめざせばいいのか？

答えは「勇者」です。

そう、あのＲＰＧ（ロールプレイングゲーム）の勇者です。

「勇者という生き方」って、どんな生き方でしょう？

困っている人がいたら、すぐに行って助ける。

これに尽きますよね。

そのためには、何でも知っていて、何でもできる必要があります。

つまり……その「何でも知っていて何でもできて、いろんな知り合いがいる自分」になるために、僕たちは仕事をするのです。

いまやっている仕事とか、つらい活動を続けた結果の就職とか、それは目的ではない。収入を得るためでもない。たんなる過程なんです。

仕事サーフィンで得た知識とか能力とか人脈とか、それらをすべて使って、ぶらりとどこかに行って自分の好きなことを五〇くらいやって、困っている人がいたら、その人を無条件で助ける。

この生き方こそが、勇者です。

そのために、お金は使いきる。

「ゴールドは使いきれ」です。ＲＰＧだと、ある街でゴールドを貯めたら、それをスキルアップのために使ったり、鎧《よろい》や武器を買ったりして、すべてを使いきるのが当たり前ですよね。目的はゴールドを貯めることではなく、最後の敵を倒すことなのですから。

いい冒険を続けるために、もらったゴールドは使いきるんです。

ゴールドは三つに分けて使いきれ

もらったお金はだいたい三つに分けて、使いきります。

「生活」と「自己投資」と「人投資」の三つです。

もちろん人間は食う必要がありますし、家族を食わせないといけませんから、「生活」のぶんは最初に確保しなければなりません。

その次の「自己投資」も必要でしょう。何でも知っていて、何でもできるようにならなければいけないのですから。

世の中、あらゆるところに困っている人はいます。シンセサイザーのプログラミングができないとか、複雑な配線ができない人もいれば、トウモロコシの刈り入れに困っているおじいさんやおばあさんもいます。

何でも知っていて、何でもできる。そんな存在になるためには自己投資、つまり装備のレベルアップが必要です。ここが二つ目のお金の使いどころ。

それでも、自分でできることには限界があります。

だから、あちこちに人脈があることも大切ですね。メールするだけで意外な人がスッと現れる。そういった関係性を構築しておくことが大事なのです。

そのためには何年もかけて、いろんな場面で、いろんな人に「あの人はいい人だ」と思ってもらうこと。そうすれば、人はおのずと動いてくれると思うんです。

三つ目は「人投資」。

自分に子供がいれば、その子に投資すればいい。子供がいない人は、だれか助けたい人を見つけて投資します。

そのほうが、生きていくのが楽しくなります。

文字どおり「貢ぐ」のでもかまいません。女性が彼氏に貢ぐのでもかまわないし、男性が自分の彼女が好きなことをしてあげてもかまいません。

お金がないときには、「この本を読めよ」でも「おまえに説教したるわ」でもぜんぜんかまわないのです。それらすべてが投資なのですから。

「いい人戦略」で得た情報や関係は使い倒すことです。

宵越しのほめはもたない。

これを地道に続けて、ある程度、情報や関係が集まってくると、自分一人で独占したくなるのが人情というもの。でもそれをやると、すぐに腐ります。ですから、とてもいいコネを得たり、自分だけしか知らないとっておきの情報を得たりしたときは、腐らないうちに、さっさと人に教えたり、人どうしを紹介し合ったりしてください。

悪い行いもバレるけど、よい行いも陽の目を見る

それからつけくわえておくと、僕たちは案外、人に助けを求めることが苦手なんですね。

だからこそ、その逆の立場、助けを求められたほうにとっては、その苦手な状態を乗り越えて助けを求めてきたことに快感を覚えるのです。自分自身が求められたときにはじめてわかるのですが、「助けてください」「手伝ってください」と言われるのは、すごく気持ちがい

いものです。

相手を動かすのは高等技術ですが、積極的に試みてみることです。

こんなふうにして、手元にあるお金や情報や関係や自分自身を駆使しながら、勇者としての資質を高めていきます。

生活の基本は冒険です。勇者なのですから。

一カ所にとどまらない。

行く先々で困った人を助け、仲間を増やす。

こうやってぶらぶらする生き方を、僕は「スナフキン的な生活」と呼んでいます。あの『ムーミン』に出てくる自由な旅人スナフキンです。

ITネットワークの発達が、僕たちの貨幣経済社会を破壊したと言いました。その結果、社会は大きく変化して、ITによるまったく新しい評価経済社会が定着しつつあります。僕たちの新しい社会です。

ツイッターとかで暴露事件が起こるたびに、ITが発達した社会では何も隠し事ができないと、僕たちは恐れています。

でも、大部分の人にとってはまったく関係がない。なぜなら、悪いことをしたらバレる世界になってしまったということは、いいことをしたら「この人はいい人だ」と評判になる社会になったということでもあるのですから。

つまり、大部分のふつうの人にとっては、これまで表立って評価してもらえなかった「いいこと」が、ちゃんとわかってもらえる世界になったのですね。

「陰徳を積む」という言い方がありますが、評価はされないけれど陰でがんばっている人を見殺しにしないで、だれかが「でも、あいつはやってるで」と言ってくれる社会になったということなのです。

自分がそう言ってもらうためには、そう言い合える関係性をちゃんと築いておく必要があります。それがコミュニティ。

コミュニティに自分のキャラクターを「いい人」と認識してもらう。

それが「いい人戦略」。

ネットワークが発達した社会だからこそできる戦略です。

コンテンツ、コミュニティ、キャラクター。この三つのCがそろっているなら、評価経済社会など、まったく恐れることはないのです。

なんとなく気持ちのいい人生

これまで僕たちは、一つの仕事しかできず、一つのコミュニティに所属していました。自分が生まれ、育てられた家族を、ずっと背負っていかなくてはならない。結婚したら、その人とずっと暮らさなくてはならない。仕事を一つ決めたら、死ぬまでその仕事をやらなければならない。少なくとも定年までは。

そんな世界から、僕たちはようやく抜け出せたのです。

抜け出せたことを、不安定になったとか、職が見つからない時代になったとか、ネガティブな方向から見て落ち込んでいるだけです。ポジティブに見れば、ようやく、なんとなく生きていける世界になったといえます。

このハイパー情報化社会で、なんとなく生き延びる。評価経済社会で生き残るための最適戦略、もっとも堅実で確実な方法こそが「いい人になる」ことだと僕は思います。

いい人をしながら、勇者をめざします。冒険に出て、困っている人を助けるのです。

僕たちはこれまで、何かを得るという目的をつくりだして生きてきました。それを得たことを成功と呼んでいました。

でも、これからの時代は、そうした目的のためにがんばっても、たどり着くまでに楽しいことがあまりありません。

たとえば、世界一の金持ちになるとか、日本じゅうに知られる社長になるなんて思っていたら、その目的に行き着くまでに、しんどいことばっかりです。目的のためだけにがんばっていたら、燃え尽きちゃいますよ。

それにくらべて、「勇者になって人助けをする」なら、途中の過程自体がすべておもしろいんです。どんなに装備が貧弱でも、たとえ武器がなくて素手であっても、冒険は冒険、勇者は勇者。旅そのものがおもしろくなるはずです。

自分の人生を、貨幣経済を前提にした目的から解放してあげる。「人生には自分の目的がなきゃいけない。自分なりの生きていく意味がなきゃいけない」という思い込みから、自分自身を解放してあげる。

なんとなく生きていって、人助けができて、だんだん「いい人」と呼んでもらえるようになって、まわりには気持ちのいい仲間がいる状態。

こんな勇者の生き方のほうが、ずっと楽しいのではないかと思います。

終章

あらためて就職を考えよう

Q1 就活するには、やっぱりマイナビやリクナビが有効ですか？

たとえば、お見合いサイトとか出会い系サイトというのを考えてみてください。

若くて美人とか、高収入でイケメン・高身長といった人にとっては、とても有利にできています。そうした人が簡単に見つかる仕組みになっているから、すごくたくさんの人からアプローチされることになります。

見方を変えると、それ以外の人たちは、枯れ木も山のにぎわい、たんなる引き立て役になってしまうということでもあります。それなのに、彼らと同じ料金を払うのって、すごくバカらしいですよね。

ああいったサイトに登録すると、「たくさんの人が登録しているのだから、当然、自分にも合った、それなりの人に出会える」ような気がしてくるのですが、そんなことはぜんぜんありません。

本来、もてランクが、A・B・C・Dクラスに分かれているとします。

「自分はBクラスかCクラスだな」という男性に、BクラスやCクラスの女性がアプローチしてくればいいのですが、そんなことはないのです。ＢクラスもＣクラスもＤクラスも、すべての女性はＡクラスの男性しか求めないのです。

就職に関するサイトも同じです。

マイナビやリクナビに登録すると、どうしてもＡクラスの企業や職種ばかりが目につき、そういった企業ばかりをねらってしまうことになります。Ａクラスだけでも数が多いですから、ムリなことをしている自覚がまるで湧かない。そして、エントリーシートの段階で落ちまくって、すっかり自信をなくしてしまうのです。

お見合いサイトや出会い系サイトにお金を払って、虚しい思いをするのとまったく同じことです。

自分がＡクラスならいいのです。

Ａクラスというのは、絶対的に売りになるレベルの学歴、はっきりいえば旧帝大レベルの人。あるいはＴＯＥＩＣ®９００点以上、ＭＢＡ、医師、弁護士、公認会計士などの資格がある人です。

そういった人が、「登録なんかしなくても就職はできるけれど、もうちょっと幅広く探したい」「自分の好きな業界に入りたい」などと思う場合、マイナビやリクナビは大いに役に立ちます。

問題はAランクではない場合。

率直にいって、マイナビ・リクナビはムダです。それよりは地元で仕事を探すか、親戚に紹介を頼むか、あらゆる友だちに「働き口ないかな?」と聞きまわったほうが、ずっとよい仕事が見つかる可能性が高くなります。

Q2 でも、就活しないと就職できないのでは?

ここで言う「就職」はおそらく、「一つの会社に週五日雇ってもらう。(とくに問題を起こさないかぎり)終身雇用で」ということですよね。「そのような安定した立場を手に入れないかぎり、一人前の社会人じゃない」という社会的風潮が、いまの若い人たちを苦しめていると思うのです。

「いわゆる就活」でめざす就職なんて必要ないと、正直、僕は思います。

それより「仕事」を見つけたほうがいい。たとえ働かなくても食べていけたとしても、仕事は必要です。人間というのは、役割がないと暮らしていけない存在だからです。役割もなく、ペットみたいに暮らすのは、すごくストレスになるものです。

「いや、ほんとうに働きたくない、ペットみたいに暮らしたい」という人は簡単です。Q6でくわしく説明しますが、ペットとして養ってくれる人を見つけて、その人のために生きればいいのです。

でも、「ちゃんと就職したいんだけど、どうやったらいいの？」「就職に失敗したら、どうなっちゃうの？」と不安になっている人は、そう割りきっては考えられない。考えられないからこそ不安になっているのですよね。

不安になると、だれもが就活に熱心になります。就活しかがんばる道がないように見えているからです。

でも実際は、がんばったらがんばったぶんだけ就職先が見つかるわけではありません。

Q1で説明したように、企業側にしてみれば、登録してくる膨大な就職希望者のなかから、面接に呼ぶ人を選ぶのです。結局は学歴や資格、あるいは学部で簡単なふるいにかけるしかありません。

面接に行けなければ、自分の人柄やる気を見てほしいと思っても不可能です。

就職先を探す側だって、求人サイトに掲載されているたくさんの企業のなかからどこを選ぶかといえば、業種や規模、名前を聞いたことがあるか、といった印象ばかりですよね。求人する側が同じように人を選ばざるをえないのは当たり前。お互いさまなのです。

だから、就活に有利な切り札をもっていないかぎり、「そこそこまじめな人」程度では、どんなに熱心に就活をしても、思うような就職先はまず見つかりません。

そもそも、みんなが就職したいような企業の求人数は、中小企業にくらべて、ごくごく少数です。どんなにその人が、「目立たないけど、ちゃんとまじめに働くことができる。働きさえすれば、そこそこ評価される」可能性が高かったとしても、現在の就活システムでは、その可能性は表に出にくい。

就職後も同じです。

あなたが会社で、そこそこまじめに働いて、会社からそれなりに評価されていたとしても、そのことは、隣近所や親戚に対しては、なんのプラス評価にもなりません。勤務先がだれもが知る大企業ならともかく、そうでもなければ、家から何十キロも離れた会社でどれほど活躍していても、あなたの評価は「ふつうのサラリーマン＝ニートではない」という程度。

しかも大企業であれば、たいてい学歴や実績しか評価してもらえません。コンテンツは評価されても、コミュニティもキャラクターもほとんど役に立たないのです。

でも、家の近所で働いていると、「そこそこまじめ」は人間的な信用として大きな威力を発揮します。

たとえば、自宅の近所の八百屋でまじめに働いているかぎり、それを見ているまわりの人は、「あの八百屋の兄ちゃん」だと認識しています。近所で買い物をしたり、レストランに入っても、見ず知らずの客ではなく、「あの八百屋の兄ちゃん」という信用が使えるのです。まじめに八百屋を続ければ続けるほど、その人間的な信用・評価、いわゆる「クレジット」が貯まっていくことになります。

ぜんぜん見知らぬところで働いて、クレジットをいくら貯めたとしても、ふだんの生活ではまったく使いようがない。それは、日本では換金できない通貨、たとえば人民元とかトルコリラみたいな外貨をいっぱい貯めているのと同じことなのです。

そう考えると、就職先はほとんどの人にとって、地元や親戚関係、いわゆる地縁・血縁のなかから見つけたほうが、ほんとうは有利といえます。

たとえ自分が口ベタで、人前でうまく自分をアピールしたり説明したりできなくても、地元で「この人は役に立つ」とか「そこそこまじめ」とか「目立たないけど、しっかりやっている」と認めてもらえるようになれば大丈夫。「この人は口べタだけど、やることはちゃんとやってくれる」「自分をアピールしないけれど、役に立っている」と、まわりから自然とわかってもらえるからです。

そんなふうに自分の人間像が、自分が所属するコミュニティで共有されること。これが「キャラクターが認知されている」状態です。

そうなったら、何をするにも動きやすくなります。お願いも聞いてもらいやすいし、フォローもサポートもしてもらえます。すごく有利になるわけですね。

だからこそ、地縁とか血縁といった「自分が所属している小さなコミュニティ」のなかで仕事を探すことは、すごく大切だと思います。

「就職しなくてもいいのか？」という質問の答えは、一般企業に「いわゆる就職」しようとするのは、とくに有利ではないかぎり、やめたほうがいいですよ、ということになります。

そんなことをするくらいなら、仕事や役割を身近な場所で見つけたほうが、ずっといい。たとえば自分の足で歩いて動きまわれる範囲内で探してみましょう。

就職ではなく「お手伝い」という気持ちで、自分のキャラクターを少しずつ評価してもらえるようにがんばるのが、結果的にはいちばん早道だと思います。

Q3 就活しないでおこうかと思いますが、親には何と説明すればいいでしょうか？

親に何と説明するのか？

これ、大きな問題ですね。

「自分はAランクどころか、たぶんCランクあたりだな。いっそ就活なんかやめておこう。もっと身近で仕事を探そうかな」と、いったんは考えてみても、そうもいかないな、と思いなおす人が多い。

その大きな原因は、親にあります。親に一つひとつ説明しても、反対されるに決まっているからです。

「ムリして大学まで行かせてあげたのに。あんたが卒業するまでいくらかかったと思ってるの!? ちゃんと就活して、贅沢言わずに、ふつうの会社に入ったらいいでしょ？ いまはネットで就活できるんだから、見つからないはずないわ。就活もしないなんて、どういうこと!?」

高度経済成長期やバブル期を経験している親なら、絶対にそう言うはずです。

新聞やニュースをまじめに見ている親ほど、「最近は景気も回復してきたようだし、就職氷河期は脱したらしいわよ。怖がらないで就活してみたら？」と言うでしょう。

そんな親にはこう言い返しましょう。

「そう思うなら、具体的に就職先を紹介して」

親が自分より社会性があって、ましてや現に仕事をしているにもかかわらず、見える範囲に紹介できる仕事がなかったとしたら、いわゆる就職先なんてない、ということです。

もし、仕事を紹介してもらえたら、その就職先は親も安心して紹介してくれるようなところです。まじめにアプローチする値打ちがあります。何よりも親の紹介というコネがあるから、アドバンテージ、優位性がある。真剣に考えてみるのがいいと思います。

実際は、就職先を紹介してくれと言われれば、頭を抱えてしまう親のほうが多いと思います。

それは、「就職なんて、ふつうに活動していればできるはず」と、むかしの知識や思い込みに親がとらわれているだけなんです。とらわれているからこそ、アレコレと言ってくるわけですが、それはまぁ、しょうがないですよね。自分の親なんだし。

「心配しないで。いま仕事を探している最中だから」とか言って、仕事を探しているフリだけは続けるしかないのかなぁ……。

まさか、そういうわけにもいかないですよねぇ。

「自分は働きたいんだけど、就活みたいなものには疑問を感じている」

やっぱりそういった問題意識を、親と共有するしかないでしょうね。つまり、仕事を探すのも親といっしょにやるしかないと思うのです。

「大学まで行かせたんだから、就職先くらいあるだろう」と安易に口にする親に、「考えて。大学というのは、べつに就活のためにあるんじゃないんだよ。私は就職先じゃなくて仕事を探そうと思うから、いっしょに探して」と、相談を掛け替えるしかない。

じつは、何か自分が困ったことがあったら、相手にその困ったことを相談して、いっしょに考えてくれる輪を広げていくことが、おそらく今後はすべての活動の戦略になると思います。

逆にいえば、親が何かで困っていたら、「どうにかして助けてあげることはできないだろうか？」と考える。それこそが、この本でくりかえし書いている「困った人を助ける」ことなのです。

Q4 就活をしないなら、学生のあいだにしておくべきことは何ですか？

この本で説明してきたことからもわかるとおり、学生のうちにすべきことは、三つのC、コンテンツ・コミュニティ・キャラクターの充実にほかなりません。なかでも学生のあいだにとくにやっておきたいのは、コミュニティの充実です。

同級生たちは、いっせいに就職していっせいに仕事を始めるはずです。その同年代の友だちを、できるだけ増やしておきましょう。

同年代の友だちというのは、自分が所属するコミュニティの一つです。しかも、手近でそんなにムリをしなくても広げやすいコミュニティ。みんながいっせいに就職するわけですから、就職先探しから新入社員としての悩みまで、情報交換が役に立つことはまちがいありません。

そのコミュニティに所属する人たちに相談して、問題をいっしょに考えてもらうことができます。

つまり、同級生たちは、あなたのブレインでありコネでもあるのです。

そこで、いまさらではありますが、Ｆａｃｅｂｏｏｋを始めてみましょう。仕事を探しています、こんな仕事がしたいな、私はこんなことができるよ、だれかいい仕事を知りませんか？　こうやってつねにアピールするためです。

気軽にアピールできて、みんながそれを忘れない。Ｆａｃｅｂｏｏｋは、それが可能となる場所なので、やはりおすすめなのです。

学生のうちから「いま、こんなアルバイトをしている」とか、「自分にはこんな仕事が向いている気がする」とか、「就活をしているけど、おすすめある？」とか、いつも書き込んで、みんなに相談するクセをつけておきましょう。

一人きりで迷ったり悩んだりして、落ちまくる就活を続けていると、ひたすら孤独になります。負けるたびに自分一人でその痛みを受け止めなければならず、どうしたってつらくなってしまいます。

自分の人生だからとすべてを一人で抱え込まずに、たとえ言いにくい内容でもカミングアウトして相談するほうが絶対にいい。その代わりに、自分がうまくいったときには、こういうふうにしたらうまくいったよ、と教えてあげる。友だちががんばっているときには、応援したり相談に乗ったりしてあげる。

そういったことを面倒がらずにやりつづけて、自分がもっているコミュニティを地道に育てるしか道はないのです。

せっかくゼロベースでコミュニティをもっているのです。いまから大事にしなければ、学校を卒業したら、みんな離ればなれになってしまいます。それではあまりにも、もったいない。

すでに手に入れたコミュニティを適当に扱わないで、その上にいくつもの人脈や情報を積み上げていきましょう。

メンバーとお互いにいつも励まし合ったり、コネを紹介し合ったりできる土壌を育てていきましょう。

コミュニティが広ければ広いほど、ある一定の確率で、大成功するヤツが身近に現れます。急激に仕事が拡大して、その人は人手が欲しくなる。そうなると、自分が所属しているそのコミュニティが、そいつを助けることになるはずです。言い換えれば、そいつに食わしてもらうことになるのです。

この本でも書いているように、その大成功の確率は、IT化した評価経済社会では、じつはだれにでもあります。有力な家系の人、能力の高い人が必ずしも大成功するわけではないのです。

だから、いつか大物になりそうな人とだけコネをつくっても仕方がありません。それだけでは足りない。ほんとうにだれが成功の網にうまく引っかかるか、わからないのですから。

たとえば、仲はいいけど冴えないヤツで、「こいつはダメだろう」と思っていても、そいつの子供のころからの友だちが大成功したら、あっという間に自分の人生にまで波及してくることもあるのです。冴えないからといって関係を切ってしまったり、コミュニティに入れてあげなかったりしたら、彼岸の成功は永遠にわからないままになります。

学生のうちにやっておくことは、就活セミナーとか、大企業の会社説明会に行くことではありません。

自分がいま何をしているのか、自分にはどのようなことができるのかがつねに見えるように、ブログなりＦａｃｅｂｏｏｋなりのアナウンス装置を用意してアピールしつづけること。多くの友だちにそのコミュニティに入ってもらって、つながりをますます広げるようにしていくこと。

ぜひ、そちらのほうに注力してください。

Q5 いまの仕事は向いていないと思います。再就職先はどうやったら見つかりますか？

すでに仕事に就いているんだけど、ほんとうはすぐにでも辞めたい。そういった相談もよく受けます。もういまの仕事は続けたくない。再就職先を探したい。どうしたら自分に合った仕事が見つかるんだろう？

そう思ってこの本を手にとった人も多いのではないでしょうか。

いまの仕事を辞めたい理由をいろいろあげてみて、自分にはそれより「こんな仕事のほうが向いているはず」とか「やりがいがあるはず」とか「能力を活かせるはず」とか、仕事に対して理想のイメージを膨らませてみても、なんの役にも立ちません。

いまの仕事は、少なくともいまの自分を必要としてくれている仕事のはずです。今日の時点ではクビになっていないのですから。自分が求められている場所から、いますぐに抜け出してしまうのはもったいない――。

この本でこれまで一貫して説明してきた「お手伝い」「他人の役に立つ」という考え方を実践すると、そういう発想になります。

なぜなら、いまの仕事を辞めるということは、コネクションの一つ、しかも、お金こみの大きなコネクションの一つを失うという意味ですから。

その仕事が詐欺《さぎ》まがいだという場合は別にして、いまの仕事がビジネスとして成り立っているならば、その仕事が生み出す商品やサービスを少なくとも社会は必要としているはずなのです。

いまの仕事がイヤだと感じるのは、基本的に、自分と「合いにくい」からです。現在までいちおうは務まっているのですから、決してぜんぜん合わないわけではない。足りない部分があるというだけのこと。

その足りないぶんを補ってくれる副業がほかにあれば、その仕事がいまほどイヤではなくなる確率がすごく高いはずです。

というわけで、「いまの仕事を辞めたい人」への僕のおすすめは、二個目の仕事、三個目の仕事をする、というものです。

そうやっていろいろな仕事を同時にやってみて、三〇個くらいまで仕事が増えてきたらはじめて、「いずれかの仕事を辞める」という選択を考えてみます。

たくさんある仕事のなかで、その仕事は「そんなに自分を必要としていないな」とか、

「時間を取られるわりには儲からないな」とか、「疲れるばかりで楽しくないな」とか、いろんな意味でコストパフォーマンスが悪いと判断したら、そのときには、その仕事を徐々に縮小していってもかまわない。

その際に大切なのは、いま辞めようとしている仕事でできたコミュニティをできるかぎり失わないこと。

コミュニティは財産です。コスパが悪くて仕事を切るにしても、その仕事の人間関係まですべてなくしてしまうのは、もったいなさすぎます。いつか生活が危うくなったときに、助けてもらえるかもしれないセーフティネットをみずからの手で切り離すことになってしまうのですから。

いまの仕事が、お金は稼げるけど、きつくてつらいから辞めたいと思うのであればあるほど、ほかで、お金は儲からないけど自分にとって楽しめる副業をして、いまの仕事にかける精神的な比重を減らすようにしましょう。時間的な比重や金銭的な比重はなかなか減らせなくても、精神的な比重は減らせるのです。

「いますぐ仕事を辞めたい。でも、ほかにいい再就職先が見つからない。だから、いまの仕事を続けるしかない。でも、やっぱり辞めたい」

そんな追いつめられた気持ちが、別のちょっとした仕事をするだけで、すーっと軽くなります。心がラクになれば、つらい本業もそんなに気にならなくなるはずです。

そうこうするうちに、いろいろな仕事が次々と見つかってきたら、経済的にも、時間的にも、精神的にもうまくバランスをとりながら、安全に本業だけを辞める。でも、人間関係は残す。こんな感じの発展的な辞め方がベストだと思います。

Q6 就職どころか働きたくないのですが、どうしたらいいでしょうか？

自分には、会社に毎日通ってまじめに働くなんてムリ。いや、もっと極端に、ぜんぜん働きたくないと考えている人もいると思います。

当たり前ですが、働けない、働きたくないとなれば、だれかの世話になって生きていくしかありません。不労所得が十分にある人以外、だれかに養ってもらわないかぎり、働かないことは選択不可能ですから。

だれかの世話になれるという人の場合、そのだれかが具体的に、自分の頭の中で特定できるはずです。親なのか、配偶者なのか、おじいちゃんおばあちゃんなのか、兄弟なのか。

幸いにも養ってくれそうな人が思いつく場合は、自分はその代償として、その人のケアをするしかありません。とにかく感謝して、こまめにご機嫌をうかがい、嫌がることは絶対にしない。

かわいいペットになりきる、ということですね。

それがうまくできない人は、養ってくれる人から小言を言われつづけて不快な毎日を過ごしたあげく、追い出されるのが関の山です。

まとめますと、養ってくれそうな人がいて、しかも、その人の機嫌をちゃんととれる自信がある場合のみ、この生き方をおすすめします。

そういった人がまったく思いつかない、頼る先がないとなれば、それはもう自分のコミュニティ不足と考えるしかありません。

それでも、どうにかして、と言うなら、「働くこと」には入らないような、小さなことをするという方法があります。

たとえば、マンガ業界にはメシスタント（飯担当）という言葉があります。文字どおり、ごはんをつくるだけのアシスタントのこと。マンガを描く作業は、何も手伝わない。あまった時間は、資料として置いてあるマンガを楽しく読んでいるだけ。

マンガ家から見れば、そいつは作品に関しては何も作業をしていないけれど、自分の役には立っている。そういった、仕事とは呼べないような、隙間みたいな仕事。

まるで「お母さん的な仕事」、お手伝いと呼べるような仕事は、案外と世の中にはいっぱいあります。これを三〇個とか五〇個とかではなく二、三個だけこなして、あとはその手伝っている先に養ってもらう。

そうすれば「働かない」にかなり近い状態が生み出せます。

じつは、先ほど説明した「養ってくれそうな人がすでにいて、その人の機嫌をとることができる人」というのは、こういった小さな仕事をさりげなくこなせる人である場合が多いのです。

これこそ、この本で紹介した「愛されニート」ですね。

そんな小さなことすらいっさいやりたくない、ずーっと遊んでいたい、ずーっとゲームをしていたい、ずーっと絵だけ描いていたい……。

でも、「養ってくれそうな人」のアテもない場合。

働かないという選択肢なんてさっさとあきらめたほうが、精神的にもかえって苦しくないと思いますよ。

Q7 どうしても○○になりたいのですが、どうしたらなれますか？

世に言う「あこがれ系の職業」というのがあります。

時代によって微妙に移り変わりますが、たとえば広告や出版業界。あるいはモデルとかアイドル、声優、映画監督、マンガ家、デザイナー、イラストレーター……。

そういった多くの人がめざしている、もしくは、あこがれている職業は、当然ですが、求人の何十倍、何百倍も働きたい人が存在します。その業界が必要としている新人は、実際には一年に一〇〇〇人程度だけど、働きたいと思っている人が一〇万人も一〇〇万人もいるというわけです。

基本的にこうした過当競争の職種に就きたがる人は、あこがれが強いぶん、就活先も「自分があこがれている企業」ばかりを選んでしまいます。

一方、求人する側の企業も、一〇〇倍のなかから人材を選ばなければならないので、無意味なまでに条件を厳しくする傾向にあります。その結果、ほとんどの人は落ち、どんなに客観的に見て優れた人でも、内定がもらえるかどうかは、ほんとうに運しだいになってしまうのです。

そんなの、就活とはいえません。ギャンブルです。就活とは本来、自分がやってみたい仕事を探して、条件を選んで、一〇個の企業を受けたら三~五個くらいは内定をもらえるようなものであるべきなのです。競争率一〇〇倍なんていう就活は、ギャンブルとしかいえません。

ひたすらギャンブルを続けていたら、いずれは仕事が見つかるだろうと考えるのは、毎日毎日パチンコ屋に通っていたら、いずれはマイホームが手に入るだろうと考えるのと同じくらいバカらしいこと。

そんなことに精を出すくらいなら、自分を売り出すための事務所をつくり、サイトを立ち上げて宣伝したほうがずっと現実的です。

モデルになりたいなら、自分をモデルとして売り出すためのサイトを立ち上げる。いろんなファッションを身にまとい、いろんな表情をつくって写真を撮影し、そこに載せる。自分と同じようにモデルになりたがっている、ちょっとかわいい子も誘って写真を並べる。

アイドルになりたいんだったら、自分で歌を吹き込んで、それをネット上に流す。自分の路上撮影会をネットで告知して開き、お金を稼いでみる。

出版業がやりたいのなら、作家と交渉して電子書籍や同人誌をつくって、サイトで売ってみる。

そんなことはできないという人は、そもそも「あこがれ系の職業」に就くのはもちろんのこと、そういった会社に就職する能力がないのです。なにしろ、競争率一〇〇倍。雇う企業側は、もともと能力が高く、即戦力となる人を選ぶに決まっています。

いまの時代、自分で出版社を立ち上げるくらいの能力がある人でないと、既存の出版社はもう求めていません。

放っておいても自分を売り出せるほど魅力的で自力がある人でないと、モデルやアイドルデビューなんかできません。

世の中はもはやシンデレラを探すような状態ではない。「あなたは才能があるから、どうかウチに来てください」と向こうから声をかけてもらえるような人は、中学・高校生のときにはすでに目をつけられていてもおかしくないのです。

野球を見てください。プロになる人は、高校生、いや、いまでは中学生の段階から、スカウトがマークしています。プロスポーツの世界は極端かもしれませんが、あこがれ系の職業と呼ばれるものは、中学・高校生のときからコースに乗っているくらいでないと簡単にはなれないと思っておいたほうがいい。

目をつけてもらうチャンスがなかった人は、みずからアピールの場をつくりだすバイタリティが必要。自分を売り出した実績を掲げて求職活動をすれば、可能性は何倍にも膨らむはずです。とはいっても、競争率一〇〇倍が実質五〇倍とか三〇倍に下がるだけではあるのですが……。

今後は、未開拓で競争率が低いニッチな市場を見つけられるかが勝負だと思いますね。

おわりに

この本は、僕が二〇一一年に同志社大学で行った講演をベースにしています。講演から出版まで期間が空いているのは、僕の怠慢によるもの。申し訳ない。

さて、本書の成り立ちについて、ちょっと説明しておきましょう。

＊

本書は「岡田斗司夫を助け、共に働く組織」であるＦＲＥＥｅｘ（フリックス）から生まれました。ＮＨＫ Ｅテレの教育番組『オイコノミア』で放映された「〝０円〟のナゾ」（二〇一四年九月二十四日）でＦＲＥＥｅｘが紹介されましたから、ご覧になった方もいらっしゃるかもしれませんね。

このＦＲＥＥｅｘこそ、じつは本書のテーマ「就職しない生き方」の一例なのですが、万人におすすめできるわけではないので、このあとがきで紹介させてください。

ひと言で言うなら、ＦＲＥＥｅｘとは「年に一二万円を支払って、岡田斗司夫を助ける組織」。

たんなるファンクラブや、最近、評判になっている「著名人の閉鎖系ネットサロン」とのいちばん大きな違いは、「岡田斗司夫と仕事ができる」「岡田斗司夫でビジネスができる」ことにあります。

また、会員数は一五〇名を上限としているので、メンバーも僕もみんなの顔と名前を覚えていて、お互いに下の名前で呼び合います。

参加費を払ってメンバーになれば、各人が「岡田斗司夫のコンテンツを利用して、ビジネスを展開する」外郭団体をつくることができます。もちろん、そんな面倒なことはしないで「たんなるファンクラブ」として参加してもらってもかまいません。

ＦＲＥＥｅｘに入ると、僕の講演映像や著作は見放題、読み放題ですし、コンテンツを制作中の僕に助言したり質問したりすることもＯＫ。それが楽しみで参加しているメンバーも多いようですね。

外郭団体は、ＦＲＥＥｅｘのメンバーなら、だれでもつくれます。目的は「評価経済社会の実験として小さなビジネスを成功させ、数人程度の仲間を食わせる」こと。

ビジネスのなかでも、電子出版は大きな資本がいりません。マイクロ規模ですぐに始められますから、ビジネスの練習として最適です。僕もメンバーには、「新しい電子書籍出版社をどんどんつくって、ビジネスをしてみるといいよ」と言って、支援・援助をしています。

これら外郭団体が稼いだからといって、僕には一円も入りません。だけど、メンバーの生計の足しや自己実現のプラスになることが何より嬉しいんです。

だれでも起業できて、ビジネスの練習や実戦経験を積むことができる。

これこそ、ＦＲＥＥｅｘの目的の一つです。

＊

この本も、そんなＦＲＥＥｅｘの仲間たちといっしょに書きました。

講演後、僕とメンバーはそれぞれの担当箇所を決めて執筆します。僕が書き起こす部分もあれば、講演の速記をメンバーが文章化する場合もありますし、ときにはメンバーの独断でまるまる一章ぶんを書いてしまう場合もあります。

講演などのイベント運営や、ニコ生での映像配信、ブログやメルマガの制作も同じような方式です。

本をまとめているのもＦＲＥＥｅｘ、大学祭などのイベント交渉もＦＲＥＥｅｘ、岡田斗司夫のＳＮＳ「クラウドシティ」を運営しているのもＦＲＥＥｅｘ。

ディズニーランドでも、ミッキーマウスはスタッフみんなの力でつくりだされているでしょ？

あなたがいま見ている「岡田斗司夫」も、じつはＦＲＥＥｅｘによってつくられているんです。

＊

さて、本文でもふれたように、仕事と収入の関係には三つあります。

①お金をもらう仕事
②お金をもらわない仕事
③お金を払う仕事

ふつう仕事と聞いて頭に浮かぶのは、①だと思います。

でも、実際に僕たちがこなしている仕事の大部分は②。子供の世話や家事労働、友だちの相談に乗ったり、学校で勉強したり……そう、労働の大部分は「お金をもらわない仕事」なのです。

そして、見落としがちなのが③。劇団や文化系のサークルに所属しようと思ったら、僕たちはなんの疑問ももたずに参加費を払いますよね。社会人スポーツや、それこそスポーツジムに通うことだって「お金を払う仕事」といえなくもない。

ＦＲＥＥｅｘは、これら三つの労働形態を、自分自身で体験・コントロールできる場なのです。

外郭団体に所属して、マネタイズを学ぶのが①。
あくまで岡田斗司夫の応援・サポートに徹するなら②。
ＦＲＥＥｅｘに参加することそのものが③。

こんなＦＲＥＥｅｘに参加したい方、いっしょに僕と遊んでみたい方は、ぜひ次のリンクをクリックしてみてください。

http://blog.freeex.jp/archives/51227540.html

くりかえしますが、参加費として年一二万円かかるため、すでに本業をもっていて定収入がある人、いまお金には困っていない人にしかおすすめできません。

それでも、これまでとは違った「仕事と生き方の関係」を、きっとここで見つけられるはずです。

＊

また、本書で語られている内容をもっと深めたい、より多くの人や岡田斗司夫自身と意見を交わしたい方には、同じくＦＲＲＥｅｘが運営しているＳＮＳ「クラウドシティ」をおすすめします。

クラウドシティでは、発売中の僕の書籍や、過去のあらゆる岡田斗司夫本のデータを会員に公開しています。単行本や電子書籍を一冊ずつ買うより、月額八四〇円（税別）を支払ってクラウドシティで映像見放題、テキスト読み放題にしたほうがお得です。

僕の書籍にはたいてい、もととなる「講演」が存在します。講演映像では、僕自身の言葉と声で「ついこないだ思いついたアイデア」が語られているんですよ。そのライブ感、「腑《ふ》に落ちる感覚」は、書籍とはまた違った感動を呼ぶことでしょう。

僕としては、本を読んだ人に、ぜひそのライブ感を味わってほしい。ふつうに読んだだけより何倍も理解が深まるでしょうし、納得感も大きくなるはず。何より、おもしろいからです。

そして、クラウドシティをおすすめするもう一つの理由は、僕やＦＲＥＥｅｘのメンバーとじかにやりとりできること。

著作について何でも質問できますし、意見や提案、こんな本を書いてほしいというリクエスト、反論だって大歓迎です。

クラウドシティに書き込まれた意見は、僕がコメントをつけることもありますし、新しい書籍のネタに使われることもあります。

クラウドシティは、読書を孤独な「情報の終点」にはしません。

読書から始まる思索や対話の道場なのです。

クラウドシティに興味をもたれたら、次のリンクから詳細をどうぞ。

http://cloudcity-ex.com/login/

＊

長めのあとがきは、これで終わり。

次回作で、またお会いしましょう。
次は「貨幣の本質」を考える対談本になると思います。
そのまた次の本は「どうすればモテるのか？」に究極の回答を与える本。
お楽しみに。
バイバイ！

二〇一四年九月二十五日（木）東京・吉祥寺にて

岡田斗司夫

本書をつくった人たち

《講演の文字起こし》
後藤みわこ
クミ
活字のマリ
教え人のシゲル
福田文
クスキヨ
甘党
おかえりのまき
神田貴成
ウチガネカケル

岡みわこ
おっかけのメグミ
石井孝将

《梗概《こうがい》作成》
福田文

《リライト》
神田貴成
後藤みわこ
のぞき見のミホコ

《追加・構成》
神田貴成
のぞき見のミホコ

《編集》
山路達也
林知輝（ＰＨＰ研究所）

編集協力――山路達也（ビンワード）

岡田斗司夫［おかだ・としお］

1958年大阪府生まれ。社会評論家、FREEex主宰。84年にアニメ制作会社ガイナックス設立後、東京大学やマサチューセッツ工科大学の講師を経て、現在は大阪芸術大学客員教授。おもな著書は『いつまでもデブと思うなよ』（新潮新書）、『評価経済社会』（ダイヤモンド社）、『あなたを天才にするスマートノート』（文藝春秋）、『「世界征服」は可能か？』（ちくまプリマー新書）、『オタクの息子に悩んでます』（幻冬舎新書）、『「風立ちぬ」を語る』（光文社新書）など多数。
なお、FREEex（フリックス）は、フリー化された岡田の原稿・発言をもとに、メンバーがコンテンツの制作や公開などを行うユニークな組織。

公式ブログ「岡田斗司夫なう。」
http://blog.freeex.jp/

PHP新書
PHP INTERFACE
http://www.php.co.jp/

僕たちは就職しなくてもいいのかもしれない

PHP新書950

二〇一四年十月二十九日　第一版第一刷

著者――岡田斗司夫FREEex
発行者――小林成彦
発行所――株式会社PHP研究所
東京本部――〒102-8331 千代田区一番町21
新書出版部 ☎03-3239-6298（編集）
普及一部 ☎03-3239-6233（販売）
京都本部――〒601-8411 京都市南区西九条北ノ内町11
組版――有限会社エヴリ・シンク
装幀者――芦澤泰偉＋児崎雅淑
印刷所
製本所――図書印刷株式会社

ISBN978-4-569-82121-4

PHP新書刊行にあたって

「繁栄を通じて平和と幸福を」(PEACE and HAPPINESS through PROSPERITY)の願いのもと、PHP研究所が創設されて今年で五十周年を迎えます。その歩みは、日本人が先の戦争を乗り越え、並々ならぬ努力を続けて、今日の繁栄を築き上げてきた軌跡に重なります。

しかし、平和で豊かな生活を手にした現在、多くの日本人は、自分が何のために生きているのか、どのように生きていきたいのかを、見失いつつあるように思われます。そして、その間にも、日本国内や世界のみならず地球規模での大きな変化が日々生起し、解決すべき問題となって私たちのもとに押し寄せてきます。

このような時代に人生の確かな価値を見出し、生きる喜びに満ちあふれた社会を実現するために、いま何が求められているのでしょうか。それは、先達が培ってきた知恵を紡ぎ直すこと、その上で自分たち一人一人がおかれた現実と進むべき未来について丹念に考えていくこと以外にはありません。

その営みは、単なる知識に終わらない深い思索へ、そしてよく生きるための哲学への旅でもあります。弊所が創設五十周年を迎えましたのを機に、PHP新書を創刊し、この新たな旅を読者と共に歩んでいきたいと思っています。多くの読者の共感と支援を心よりお願いいたします。

一九九六年十月

PHP研究所